THÉÂTRE POUR DEVENIR... AUTRE

ISBN 978-2-704-50176-2
ISSN 0395-918X

Laura Sheleen

Théâtre pour devenir... autre

Préface du Dr Pierre Solié

EDITEURS
epi SA 76 bis, RUE DES SAINTS-PÈRES PARIS 7e

Préface

Tout est dit des rapports entre le « mythodrame analytique » (1) avec masques de Laura Sheleen et la « psychologie analytique » de C.G. Jung, par ma collègue Catherine Rubner dans le propos qui suit mes lignes ; d'autant que celle-ci a le privilège d'avoir activement suivi les stages de « mythodrame » de Laura Sheleen pendant plusieurs années, ce qui n'est pas mon cas.

Mais ces rapports sont aussi patents tout au long du vivant exposé que Laura Sheleen nous fait de sa méthode.

Aussi me contenterai-je de « pointer » quelques apports de cette technique qui débordent quelque peu le point de vue jungien, pour atteindre des rivages où l'auteur a bien voulu flaner quelques instants avec mon propre point de vue qui, disons-le bien haut, reste éminemment, fondamentalement jungien. Je veux parler notamment de mon concept de « chiasma » et de celui d'« imaginal » que j'emprunte, lui à Henry Corbin.

Nous allons y revenir, mais reprenons au début.

Voici quatre à cinq ans — les années ne se comptent pas plus en amitié qu'en amour —, Laura Sheleen, au courant de

(1) J'aime cette nomination que Laura Sheleen semble avoir abandonnée et la reprends au vol.

mes récents écrits, vint me voir, persuadée que je pouvais l'aider à formuler sa déjà longue expérience de « mythodrame analytique » avec masques, m'invitant pour cela à participer à un stage au cours duquel je serais susceptible de me faire une idée de sa technique en la vivant du dedans. En fait, je ne m'y soumis pas. Mais durant ces années j'envoyai à Laura quelques analysants qui la suivirent, et surtout elle m'adressa quelques-unes de ses patientes assidues qui complétèrent leur travail intérieur par une psychanalyse jungienne auprès de moi, faisant intervenir les acquis de leur « mythodrame analytique ». En outre, Laura elle-même continua à me fréquenter, me parlant de son travail mythodramatique, certes ! masques à l'appui... mais aussi continuant avec moi sa propre analyse, depuis longtemps en chantier.

Si bien que de théorisation et de livre, il ne fut plus jamais question... ou presque.

Mais pourtant, voici un an, Laura me confia certaines pages par elle rédigées, me demandant mon avis et, éventuellement, mes suggestions... De page en page, de chapitre en chapitre, le livre aujourd'hui confié au public voyait le jour en sous main, en catimini en quelque sorte ; fruit jamais franchement explicité de notre heureuse rencontre.

Tout enfant ne doit-il pas être le fruit « par surcroît » d'états, de sentiments et de comportements qui, sans jamais perdre totalement de vue l'objectif princeps, tissent autour de lui un réseau de relation qui, chez les oiseaux, se nomme « nidation » ?

Tel fut le cas ici. Laura accouchait de cet enfant presque à mon insu, « par surcroît ». Et elle mena « notre » enfant à son terme, étonné que j'étais de ce travail en apparence marginal.

Mais ne nous y trompons pas — et ceci en est le signe qu'elle nous montre en son écrit — Laura n'est pas femme à « perdre le Nord » et le fil de son vouloir. En sous-main, elle sut me faire cet enfant, presque « dans le dos ». Et sans que j'eusse même à en assumer nommément la responsabilité. Laura reste « fille-mère » de son enfant. Elle est de la catégorie des Grandes-Déesses-Mères, chez lesquelles le partenaire masculin n'est que le moyen de faire un enfant — et non le but de la vie. A chacun sa structure et donc sa vérité. A l'autre de la prendre ou bien de la laisser.

Autre fait que me fait encore évoquer les débuts de notre rencontre avec Laura. Me parlant de son expérience des masques, l'un des premiers souvenirs de ma vie me revint à la mémoire à ce moment. Je devais avoir trois ans, et c'était l'époque du carnaval, que l'on célébrait encore, en mon pays natal, par des déguisements comportant, comme il se doit, le port d'un masque. L'un de mes frères, aîné de seize ans, y avait cette année-là pris part, et rentrant à la maison, avait négligemment jeté en sa chambre son déguisement, dont le masque, qui trônait au milieu de la pièce, la face blanche et émouvante et tournée vers le plafond. Or, il s'est trouvé que je pénétrai en cette chambre et tombai fasciné devant cette face inerte, souriante, médusante. Pétrifié, horrifié, terrorisé, je me mis à hurler, tout tremblant de frayeur, et ne me calmai que longtemps plus tard, dans les bras de ma mère, sur ses seins rassuré.

Je venais là de faire l'expérience de ce que Freud a nommé « l'inquiétante étrangeté ». « Inquiétante étrangeté » de tout objet inerte qui, tout à coup, pour nous se met à vivre — ou à l'inverse de tout objet vivant qui se pétrifie sous nos yeux ou en nous. Pour moi, à cet âge, ce ne fut pas une simple « inquiétante étrangeté », mais une « horrifiante » étrangeté. Jung, de son côté, nomme cela l'expérience de l'« Ombre », de ce qui, jusque là, inconnu en nous, se révèle comme la part, diabolique ici, de nous-même. Et pourquoi ne pas aller un peu plus loin en disant que cette « Ombre diabolique » était, à cet âge, le versant « infernal » de l'« imago » de ma mère (2) qui, dans son versant « céleste » allait me tranquilliser et me réchauffer dans ses bras, m'apprenant même à apprivoiser ce masque, que nous approchâmes ensemble afin d'en exorciser les maléfices. Nous y parvînmes, mais jamais totalement. Et je crois qu'il en est de même pour chacun d'entre nous. C'est pourquoi le masque, apparu au Paléolithique avec les premiers « sorciers », demeurera toujours pour l'homme un moyen de l'expérience du « numineux » (R. Otto), c'est-à-dire du sacré :

(2) On pourrait aussi bien parler de l'« imago » négative de mon frère aîné, rival, renvoyant à celle de mon père.

« sacré de cohésion », comme le nomme R. Caillois, sacré divin, et « sacré de dissolution », sacré démoniaque.

C'est bien ce que nous montre Laura Sheleen tout au long de ses pages : le sacré est le « Tout-Autre », et elle intitule avec bonheur son livre : « Théâtre pour devenir... Autre ». Tel est l'axe de la thématique « initiatique » qu'elle développe au long de ses lignes.

« Théâtre pour devenir... Autre ». Et ce titre m'incite maintenant à évoquer un « fou » du théâtre : Antonin Artaud (3). « Il faut croire, nous dit-il, en sa préface au ''Le théâtre et son double'', à un sens de la vie renouvelé par le théâtre, et où l'homme impavidement se rend le maître de ce qui n'est pas encore, et le fait naître. Et tout ce qui n'est pas né peut encore naître, pourvu que nous ne nous contentions pas de demeurer de simples organes d'enregistrement. » Un peu plus loin, dans « Le théatre et la peste », il nous dit : « Une vraie pièce de théâtre bouscule le repos des sens, libère l'inconscient comprimé, pousse à une sorte de révolte virtuelle et qui d'ailleurs ne peut avoir tout son prix que si elle demeure virtuelle, impose aux collectivités rassemblées une attitude héroïque et difficile. »

Par là, A. Artaud insiste sur la libération de l'inconscient et sur la nécessité de le « symboliser » ou l'« imaginaliser », sans « passage à l'acte », virtuellement : dans le « lieu de représentation », dira Laura Sheleen, qui, à travers le « chiasme », deviendra son « lieu de la nomination » (cf. schéma p. 98).

L'*imaginaire* qui colle à l'objet (mon « diable » dans le masque) se re-présente et devient *imaginal* (le « diable » n'est plus dans le masque, ni dans ma mère qui l'a exorcisé — ni dans mon frère ou mon père — mais dans son lieu propre : l'enfer, pour les religions qui l'affirment, le mal dans le monde plus généralement, auquel nous avons tous notre part).

Le « chiasme » est le lieu de l'inversion-réversion, à la fois de l'*imaginaire* à l'*imaginal,* et du « diable » au « Bon Dieu ». Il est le lieu de l'humanisation (ni diable ni Bon Dieu mais... *l'homme*), en passant par le « lieu de la nomination », c'est-à-

(3) Gallimard, Paris, Œuvres complètes, vol. IV.

dire des chaînes signifiantes linguistiques qui forment ce que J. Lacan nomme *le symbolique* (et non pas *la* symbolique).

Le 8 que forme le schéma de Laura Sheleen (p. 98) se superpose à mes schémas des deux serpents aztèques : Quetzalcoatl et Tezcatlipoca, le Bien et le Mal ; sur lesquels j'ai « greffé » les trois grandes pulsions partielles freudiennes : orale (cannibalisme), anale (esclavagisme), génitale (possessivité) ; et en correspondance de « conjonction d'opposés », respectivement, l'*Agapé* (amour universel), la *Caritas* (amour du prochain) et l'*Éros* (amour du proche) (4).

Le « chiasme » est le lieu où, à travers la re-présentation et la nomination, s'opère cette inversion-réversion, et cette « conjonction d'opposés », dont Nicolas de Cues fait sa définition de Dieu (5).

Autre fait important dans la technique de Laura Sheleen : la division de l'espace théâtral et sa mise en corrélation avec la division de l'espace cosmique.

C'est encore à A. Artaud que je ferai appel pour soutenir le discours de Laura : « J'emploie le mot de cruauté (''Deuxième lettre sur le théâtre de la cruauté'') dans le sens d'appétit de vie, de rigueur cosmique et de nécessité implacable, dans le sens gnostique de tourbillon de vie qui dévore les ténèbres, dans le sens de cette douleur hors de la nécessité inéluctable de laquelle la vie ne saurait s'exercer ; le bien est voulu, il est le résultat d'un acte, le mal est permanent. »

Si l'homme ne se comprend plus, ne se sent plus inséré dans le cosmos, « micro-cosmos » dans le « macro-cosmos », le voilà déraciné, le voilà isolé, le voilà en angoisse d'abandon et de mort, le voilà, disait Kierkegaard, en déréliction, en désespoir métaphysique... et la « Bombe » apocalyptique n'a plus qu'à nous rayer de la planète.

En faisant de son lieu théâtral un temple, Laura Sheleen tente cette réintégration dans la « rigueur cosmique » et « dans le sens gnostique de tourbillon de vie qui dévore les ténèbres » : l'Ombre de mon masque.

---

(4) *La femme essentielle, mythanalyse de la Grand-Mère et de ses fils-amants,* Seghers, Paris, 1981.
(5) *La Docte ignorance,* Ed. de la Maisnie, Paris, 1979.

C'est ce que nous montrent ses schémas des pages 84 et 108 notamment, rendus vivants par les séquences de « jeux » qu'elle nous expose en avant-dernier chapitre de son ouvrage.

Chaque geste, chaque expression pulsionnelle et archétypique d'ici-bas doivent être mis en relation avec leurs corrélatifs archétypaux cosmiques et sociaux (universels et collectifs).

C'est à ce prix que l'homme occidental d'aujourd'hui, coupé de ses racines naturelles par les pièges de la Raison, survivra à sa période apocalyptique.

Laura Sheleen en aide quelques-uns à le faire.

Pierre Solié
septembre 1983

Avant-Propos

Ceci est une première tentative pour montrer le dispositif théâtral qui me sert d'instrument pour avancer ma recherche et celle de ceux qui continuent de travailler avec moi. Ce que j'ai décrit concerne une technique personnelle qui a émergé après une longue activité professionnelle dans le théâtre de la danse et une aussi longue recherche psychologique personnelle. Quelquefois, un stagiaire me demande : « En combien de semaines pourrai-je animer des groupes comme vous ? » Beaucoup de personnes m'interrogent sur la formation qu'elles doivent suivre pour se préparer à un tel travail. Ma première réponse sera : « Vous verrez vous-même après quelques mois. » Puis, les mois passant... je peux ajouter : « Vous verrez mieux après quelques années. » Dans un premier temps il est difficile de leur expliquer la nécessité d'un si long investissement personnel et pratique, la nécessité d'avoir vécu intérieurement, d'avoir approfondi les différentes techniques... et d'être allé au-delà des techniques.

Aux États-Unis, durant les dix années de ma formation de 1943 à 1953, j'ai suivi 18 000 heures de cours *pratiques !* (théâtre et danse). Depuis, 30 années d'enseignement m'ont beaucoup enrichie. On apprend tellement en enseignant ! Les douze dernières années étaient centrées sur les masques et leur utilisation dans le théâtre pour un développement personnel, ce théâtre pour devenir... Autre. Malgré les douze années, l'expérience reste encore neuve pour moi. Il me semble que des objets techniques psychologiques, inédits, sont en train d'émerger. Pour approfondir ce travail, je me suis lancée dans une première théorisation. Essayant de cerner les contours, je me suis trouvée dans l'obligation (peut être parce que je domine mal le français) de me répéter, souvent de me redéfinir, de me ré-expliquer. Tantôt trop, tantôt pas assez, mes explications ont dû avoir recours aux redondances pour chercher la description qui me semble adéquate.

Je sais que je n'ai rien inventé, que tout a été emprunté à des domaines voisins, puis condensé et modifié pour converger vers mes désirs personnels. Ma gratitude, mon affection sont si grandes pour ceux qui m'ont ouvert à la pensée psychologique et artistique de notre temps... Comment payer ma dette... sinon peut-être, en la réinvestissant dans le travail et le partage de ce travail ?

Je suis sûrement devenue éducatrice faute d'avoir été éduquée, artiste par besoin de beauté et d'harmonie, et, initiatrice par reconnaissance pour ceux qui m'ont initiée et par amour pour les traditions qui m'attachent à mes ancêtres et à mes descendants.

L.S.

Les stages de masques de Laura Sheleen : point de vue d'une psychologue-analyste

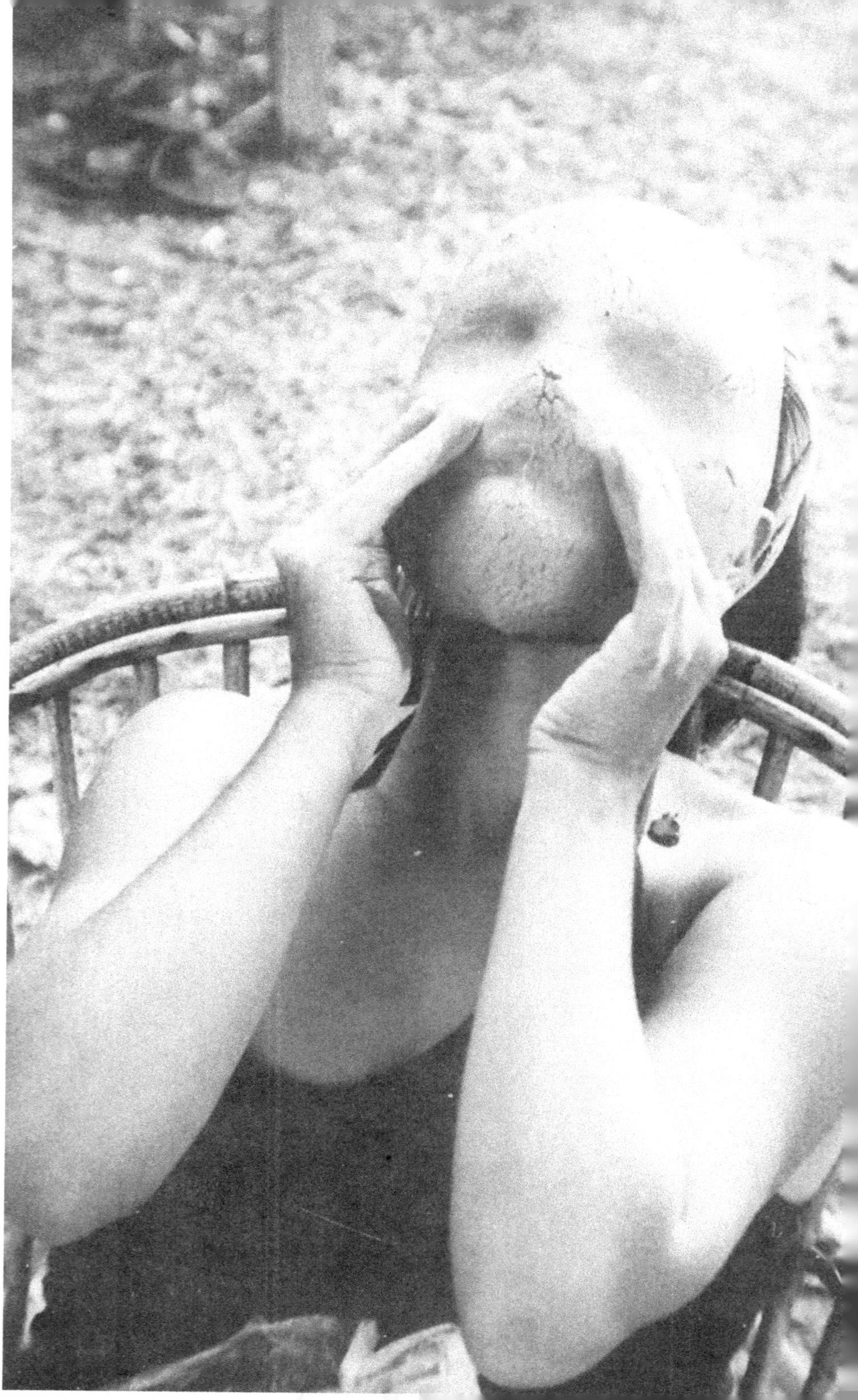

Le travail avec les masques selon la méthode conçue et mise au point par Laura Sheleen est une nouvelle voie royale vers l'inconscient. En plusieurs années de participation et de collaboration à ces stages, j'ai pu découvrir et expérimenter combien cette voie, large et directe au départ, a des embranchements et des ramifications de plus en plus subtils. Ainsi chacun y reçoit selon ses besoins et ses possibilités du moment. Le néophyte de **la psychologie des profondeurs** découvrira peut-être tout simplement la réalité de l'inconscient, et ce sera déjà un grand profit pour lui.

A un autre, elle permettra de plonger dans les couches reculées de l'inconscient personnel, puis collectif, à la rencontre de ses complexes, des « partenaires du Moi »[1], ou des archétypes dont il est éventuellement le jouet impuissant depuis longtemps. Il est possible que d'autres **archétypes** se relient en lui au contact du travail artisanal ou des problèmes soulevés par le groupe. Grâce à cette découverte, sa vie intérieure se trouvera enrichie et élargie.

De plus, les stages de masques de Laura Sheleen sont des auxiliaires précieux (et rares !) pour l'homme en recherche, l'homme sur la voie de son individuation, pour l'homme axé sur le « deviens ce que tu es » des Anciens. En cela, ils sont très différents de beaucoup d'autres groupes (exemple : bio-énergie), dont le travail est plus spécifiquement thérapeutique et basé sur les bienfaits de la **régression**.

---

1. C'est-à-dire : anima ou animus, ombre, persona, le Soi, automate, etc. L'expression est de Charles Baudouin.

Comment, concrètement, la rencontre avec l'inconscient a-t-elle lieu ?

LE TRAVAIL ARTISANAL

Première rencontre avec l'inconscient

> *« Lorsqu'on a affaire à une crispation accentuée du conscient, il arrive que seules les mains puissent imaginer : elles modèlent ou dessinent des formes qui sont souvent étrangères au conscient. »*
> C.G. Jung : *Commentaire sur le Mystère de la Fleur d'Or* — Albin Michel, Paris, 1979, p. 34

Si la fonction transcendante est une évidence chez les peuplades dites primitives restées solidement implantées dans leur environnement naturel, elle crée souvent des peurs paniques chez nos contemporains. Effectivement, le conscient est une conquête relativement récente de l'humanité. Il est un frêle esquif arraché de haute lutte à l'immense mer d'énergie plus ou moins chaotique qu'est l'inconscient. Nous avons peur pour lui, nous le sentons fragile et vulnérable. Nous avons donc tendance à nous barricader dans la tour d'ivoire de notre conscient, de peur que les forces de l'inconscient ne nous envahissent et ne nous submergent. Alors se crée cette « crispation » du conscient dont parle Jung.

Nous ne nous souvenons plus de nos rêves, nous sommes coupés de nos racines, la dépression nous guette.

Cependant, il est vrai qu'aborder l'inconscient ne va pas sans un certain risque et que nous n'avons pas tout à fait tort d'avoir des craintes. Jung dit :

> *« Entreprendre quelque chose sans risque est totalement inefficace, nous ne le savons que trop bien. »*
> C.G. Jung : *Psychologie et religion*
> Buchet/Chastel, Paris, 1958, p. 42

Voici le premier matin du stage. Chacun a pris ses quartiers la veille au soir, fait la connaissance de ses compagnons de route pour la semaine à venir, au cours du repas pris en commun.

On s'installe autour d'une grande table. Chaque participant a une bonne portion de terre à modeler devant lui. Laura ou Denise[2] donnent les instructions. Cela peut changer d'une fois à l'autre, mais aujourd'hui, on va modeler un visage les yeux fermés pendant trente minutes. Ce support en argile permettra ensuite à chacun de fabriquer son premier masque en papier mâché.

Certains sont inquiets : « Je ne saurai rien faire de beau, je ne sais pas me servir de mes dix doigts... ».

Le départ est donné, les participants ferment les yeux. Et les surprises commencent. Un tel, qui n'aurait pas su dire comment est fait un visage, est tout surpris de sentir ses doigts s'affairer sans problème sur la matière malléable et humide. Un autre voit surgir sur l'écran de ses paupières closes une image belle ou terrifiante, émouvante en tout cas, qui remonte de très, très loin, du fond de son enfance où elle gisait depuis longtemps oubliée.

J'en ai vu dont le visage ruisselait de larmes venues il ne savait d'où. L'émotion, — la joie —, de se découvrir capable de créer ? Peut-être. L'inconscient, si on lui laisse libre cours, a plus d'un tour dans son sac et ne cessera jamais de nous surprendre.

Le temps s'écoule, lentement pour l'un, trop vite pour l'autre. Vient le moment, oh ! combien émouvant, où l'on va ouvrir les yeux. Un dernier effort de visualisation : comment est-il, ce visage que j'essaie de modeler (mais certains ne voient rien du tout) ? Et que vais-je découvrir ?

Voilà, c'est fait : en un instant fugitif, l'image intérieure et la réalité concrète se confrontent brusquement. L'un reconnaît son grand-père ou sa grand-mère, un autre s'effraie de la dissymétrie totalement imprévue et complètement involontaire de son œuvre. Il y a les surprises agréables et les déceptions douloureuses. Mais — et c'est capital — le plaisir ou le déplaisir

2. Denise Voïta, artiste-peintre, co-animatrice plus spécialement chargée de l'artisanat dans les stages d'initiation.

ne proviennent jamais de jugements de valeur intempestifs qui, dans cette atmosphère d'ouverture, ne viendraient à l'idée de personne. Le plaisir ou le déplaisir ne sont que le fruit de la rencontre réussie ou ratée avec soi-même.

Le reste de la matinée est consacré à la confection des masques et c'est bientôt le moment du **feed-back**.

Comme jusqu'ici chacun a travaillé séparément, il n'y a pas encore d'interaction entre les participants, sinon accidentelle. Cette première **rétroaction** se résume donc à essayer d'exprimer par la parole ce que l'on a vécu au plus intime de soi-même.

Dans la perspective de l'établissement du pont entre conscient et inconscient dont nous avons parlé (fonction transcendante), ces mises en commun de l'expérience individuelle revêtent une grande importance. L'obligation de formuler son vécu en paroles permet au conscient de prendre possession du message de l'inconscient. Et c'est indispensable, car il est dans la nature de l'inconscient de répéter inlassablement les mêmes motifs, de produire avec une constance jamais en défaut les mêmes symptômes, de tourner en rond, en somme, aussi longtemps que le conscient ne lui renvoie pas un signe qui prouve qu'il a compris, enregistré et surtout accepté. Seule la reconnaissance par le conscient du sentiment exprimé par l'inconscient permet à ce dernier de faire un pas en avant, d'évoluer.

PRÉSENTATION DES MASQUES. LES LOIS

Le deuxième jour déjà, les premiers masques sont prêts à être joués. Bien qu'ils soient, pour l'instant, tous peints en blanc, une grande diversité règne parmi eux. Cela va des masques cosmiques (lune, soleil) aux têtes d'animaux, en passant par l'homme et la femme à tous les âges, et même des concepts représentés symboliquement.

Pour commencer, chacun va animer son propre masque.

Nous avons là la première loi, le premier rite de ce « théâtre sacré » voulu par Laura : *personne n'a le droit de souffler dans un masque, si le souffle de son créateur ne lui a donné vie préalablement.* Cette loi établit d'emblée le respect total que Laura souhaite que l'on voue non seulement à chaque participant en tant que personne, mais à toute expression de sa personnalité, que ce soit au travers des masques ou des accessoires qu'il a confectionnés, du jeu qu'il présente sur scène, ou des explications orales qu'il en donne au cours du feed-back. Nous retrouvons ici « l'acceptation inconditionnelle du client » qui est l'une des quatre règles de base de la psychothérapie, formulées par Carl Rogers[3].

Le groupe prend place dans la salle où vont se dérouler les jeux. Elle est obscurcie. Le « public » — les participants du stage — s'assied à un bout de la salle. Laura, à la place du « roi », au milieu du premier rang, va actionner les projecteurs. Devant elle seront posés les masques « tombés dans le domaine public », c'est-à-dire les masques déjà joués et qui, une fois la présentation terminée, pourront être choisis pour être portés sur scène par qui en a envie. Derrière le public (ou dans une pièce attenante), auront été disposés les accessoires à la disposition de tous : tissus de toutes les couleurs, habits, chapeaux, rubans, etc. La partie de la salle restée libre devant le public, c'est la scène.

Le plus souvent, la présentation des masques se passe sous forme de séquences, dont le nombre de chaînons est décidé collectivement à l'avance, trois ou quatre, ou plus, selon le temps disponible. Quelqu'un — n'importe qui — le participant le plus motivé (ou celui qui supporte le moins bien l'attente silencieuse dans les rangs du public...), se lève pour jouer le premier. S'il le souhaite, il se déguise. Sa seule obligation est de *venir sur scène masqué* : c'est la deuxième loi.

En effet, nous souhaitons (re)présenter des personnages et des situations. Bien sûr, ces personnages et ces situations peuvent être parties intégrantes de notre monde intérieur, mais ils ne sont pas nous, Monsieur X. ou Madame Y. C'est là une des différences fondamentales, parmi d'autres, entre notre théâtre symbolique et le psychodrame.

Une autre loi s'impose pour des motifs analogues : *tous les*

3. Voir : C. Rogers et G.M. Kinget : Psychothérapie et relations humaines — Publications universitaires de Louvain, 1971, p. 121 et suivantes.

accessoires amenés sur scène sont symboliques et non concrets. Une bûche emballée dans un linge représentera un pain, mais on évitera d'amener un vrai pain. *Les actions seront mimées, suggérées, non exécutées de facto.* Par exemple, on fera semblant de manger, on fera le geste de boire, on ne s'alimentera pas vraiment.

Dans le même ordre d'idée, pour jouer un combat, il est évident qu'on ne se tapera pas dessus pour de vrai, on mimera seulement les coups de bâton. Cela représente une difficulté certaine que l'on ne maîtrisera sûrement pas dès le premier stage : il faut trouver le moyen de susciter la complicité, la collaboration de l'autre acteur, à défaut desquelles le combat ne pourra pas avoir lieu.

Toute infraction grave à cette loi sera signalée par Laura par un « **Passage à l'acte !** » sonore, lancé même en cours de jeu. C'est la seule intervention qu'elle se permet et encore, seulement si le passage à l'acte est important. Sinon, la remarque n'en sera faite qu'au cours du feed-back.

Ces lois, dont l'observation est exigée avec fermeté, sont absolument indispensables dans ce travail en contact étroit avec l'inconscient. Comme nous l'avons dit, l'inconscient est un primitif, un être archaïque, un enfant. Mais ce n'est pas un enfant de chœur. Il y a en lui une énergie énorme, liée au bien, comme au mal, indifféremment. C'est la nature même. Les lois auxquelles nous soumettons notre théâtre sont donc des garde-fous qui canalisent quelque peu les forces mises en branle. Elles aident aussi à « consteller » les forces spirituelles également présentes dans l'inconscient.

Le protagoniste est sur scène. Le protagoniste, c'est l'acteur qui commence le jeu. Il va mimer pour lui, pour le public, le personnage que son masque représente à ses yeux. Pendant qu'il joue, quelqu'un d'autre dans le public se sent attiré par ce qu'il voit et décide de rejoindre la scène. Il peut penser que son masque à lui va faire contraste, ou qu'il sera complémentaire, ou n'importe quoi d'autre. Nous avons deux acteurs à présent. Au bout d'un certain temps, dont il est seul juge, le premier quitte la scène. Un autre viendra relayer le deuxième et ainsi de suite jusqu'au nombre qui a été convenu. Pour finir, le premier acteur retourne sur scène pour permettre au dernier de s'en aller à son tour. Le premier clora le jeu de la manière qui lui convient, en s'immobilisant, par exemple. La séquence est terminée.

Dans ce jeu en séquence règne une règle qui me paraît d'un très grand apport sur le plan psychologique. C'est la règle de la « *coexistence juxtaposée* ». Je m'explique : les deux acteurs qui se trouvent simultanément sur scène doivent chacun présenter leur personnage en évitant toute interaction, tout échange entre eux. Chacun doit refuser d'être influencé par l'autre. Pas si facile ! Cela revient, dans la vie quotidienne, à aller son petit bonhomme de chemin sans se préoccuper ni de l'opinion publique, ni de l'approbation ou de la désapprobation de son entourage.

Les difficultés que beaucoup de personnes éprouvent à respecter cette règle me paraissent pouvoir provenir de deux sources différentes.

L'une de ces sources est un manque possible de maturité, une faiblesse du Moi. Il s'agit de quelqu'un qui a constamment besoin d'être rassuré sur sa valeur. Il ne cesse d'être en quête d'approbation. Pire peut-être, il ne se sent exister que s'il aperçoit son reflet dans le regard de l'autre. Sans le miroir que lui tendent les personnes de son entourage, il irait à vau-l'eau.

Si Laura souhaite ardemment que les gens qui s'inscrivent à ses stages aient déjà fait un certain travail sur eux-mêmes, c'est justement pour éviter la présence de personnes chez qui ce problème serait prédominant. Leur tolérance aux blessures narcissiques, même minimes, est si faible qu'elles risqueraient de vivre le séminaire trop durement et de décompenser avant la fin de la semaine ou juste après. Remarquons, cependant, que certaines sont tout de même venues : elles ont traversé de grandes difficultés et des moments si durs, qu'elles ont entrepris une analyse dès leur retour du stage. Aujourd'hui, plusieurs années après, non seulement elles se sont tirées d'affaire, mais encore leur vie est complétement renouvelée, élargie, enrichie.

La seconde source de difficultés à observer cette règle de la coexistence juxtaposée est plus particulière aux femmes. La féminité est régie par le principe de l'éros, c'est-à-dire que la femme est, par nature, encline à établir des relations, des relations de tous genres et de toutes espèces : des relations aux êtres et aux choses. Elle est reliée à tout ce qui existe. La vie ne coule pas seulement dans ses veines, elle coule aussi entre elle et tout ce qui constitue son environnement. Elle se mêle de tout, elle se sent mêlée à tout. C'est pourquoi la fileuse et la tisserande sont des symboles universels de la féminité.

Seulement, dans ce réseau serré de fils tissés autour d'elle, la femme risque de se perdre. Où finit son Moi ? Où commence le non-Moi ? Si elle reste inconsciente de cette situation, elle se protège à coups de principes plus ou moins creux (animus négatif) et, sentant sa personnalité menacée, devient agressive.

Pour une femme aux prises avec ces problèmes (et nous le sommes toutes une fois ou l'autre dans l'existence), l'obligation d'exister sur scène sans aucune liaison à l'autre, sans possibilité de fuir (il faut attendre l'arrivée de l'acteur suivant !), permet d'abord de prendre conscience de son besoin extrême de toujours s'en référer à l'autre.

> *Claudia déguisée en taureau, à quatre pattes, mugit puissamment, face au public. Son horizon est restreint par le masque. Tout d'un coup, elle s'aperçoit que le regard des spectateurs dévie d'elle pour s'attacher à un autre personnage qui doit avoir fait son apparition. Et, brusquement, elle se sent ridicule, inintéressante, rejetée. Son envie ? Disparaître de la scène au plus vite. Quand elle arrive à se dominer, elle se dit : « Je continue ! J'ai le droit d'exister, moi aussi ! »*

Dans un deuxième temps, nous observons comment notre inconscient cherche des moyens de plus en plus subtils pour contourner la règle. Et, dans le feed-back qui s'enchaînera directement à la fin de la séquence, les reflets que le public nous renverra au sujet de notre jeu nous aideront grandement dans cette prise de conscience.

Mais il y aura peut-être un troisième temps où, ayant réussi à dépasser le problème, nous découvrirons le plaisir de ne rendre des comptes qu'à nous-même : le soulagement qu'il y a à renoncer à nous sentir en permanence impliqués dans les faits et gestes de tout un chacun. Peut-être comprendrons-nous, tout d'un coup, ce que notre fils de vingt ans a voulu dire par : « Le cadeau d'anniversaire que je souhaiterais t'offrir, c'est que tu cesses de te faire du souci pour moi !... »

LE FEED-BACK APRÈS LES JEUX

L'importance d'être reconnu

Chaque jeu, qu'il s'agisse de présentation de masques ou, plus tard, de jeu ouvert, est suivi d'un feed-back. Les acteurs impliqués s'assoient en faisant face au public et s'expriment l'un après l'autre dans l'ordre de leur entrée en scène. Ils disent ce qui a motivé leur participation, ce qu'ils ont voulu exprimer ; et aussi, comment ils se sont sentis au cours de leur prestation, ce qui les a comblés, ce qui les a frustrés ; comment ils ont vécu l'intervention des autres joueurs.

Après que tous les acteurs se soient exprimés, on « ouvre » la discussion. N'importe quel spectateur (ou acteur) peut maintenant prendre la parole. Il peut poser des questions, donner libre cours à l'expression de son plaisir, comme de son déplaisir. Les échanges sont souvent longs et passionnés. Ils durent, en moyenne, deux fois plus longtemps que les jeux.

C'est le moment des prises de conscience libératrices, mais aussi des douloureuses remises en question. En effet, chacun de nous a un grand besoin d'être reconnu tel qu'il est réellement et au point où il en est de son développement. C'est une condition fondamentale pour qu'il puisse s'accepter lui-même et poursuivre son évolution.

Aussi éprouve-t-on une grande joie quand on s'aperçoit que les autres nous ont compris et nous acceptent. Il n'y a pas de plus grande satisfaction. Au contraire, quand apparaissent des gouffres d'incompréhension entre ce que nous avons voulu dire et ce que les autres ont saisi, c'est le moment de remettre l'ouvrage sur le métier, sans se laisser décourager. C'est le moment de se dire, après Boileau, que « ce qui se conçoit bien, s'énonce clairement » et que, par conséquent, si notre message n'a pas passé, c'est que nous devons essayer d'approfondir encore et de cerner mieux notre problème.

PRÉSENTATION DES MASQUES A LEURS CRÉATEURS

Voir son œuvre dans un miroir

Dans le deuxième jeu préliminaire, il s'agit de présenter sur scène chaque masque à la personne qui l'a confectionné. Pour ce faire, un masque échoit à chaque participant, n'importe lequel, sauf le sien. Il est chargé de le présenter suivant son inspiration et sa vision propres. Il n'est absolument pas tenu de se laisser influencer par la conception qu'en a son auteur.

En général, pour cette présentation, le nombre d'acteurs sur scène est encore limité et on joue « en séquence » ou librement, la décision étant prise collectivement.

Ce moment est très important pour le groupe. Pour la première fois depuis le début du stage, le travail en commun va en influencer la vie affective : il va partiellement renforcer les liens existants, partiellement en établir de nouveaux et même, quelquefois, causer des rancunes...

En effet, le masque que vous venez de créer, c'est un peu votre enfant. Vous avez juste découvert qu'il révèle une part importante, plus ou moins cachée, de vous-même. Il a peut-être des défauts, mais vous l'aimez (ou le détestez) tel qu'il est. Jusqu'ici, les autres l'ont vu, mais pratiquement personne n'y a touché, vous avez été seul à le manipuler, seul à le jouer. Et voici que, tout d'un coup, il est entre les mains d'un « étranger » ou d'une « étrangère ». Il va l'observer de très près, avec une attention particulière, se laisser inspirer par lui. A travers la salle, un lien invisible s'établit entre vous et lui, comme s'en crée un autre entre vous et la personne dont le masque est entre vos mains. Tout un réseau souterrain se met en place.

Et c'est le coup au cœur : votre masque se prépare à entrer en scène. Encore un peu de patience et le voilà devant vous !

L'image qui vous est alors renvoyée vous laissera rarement indifférent. L'expérience montre que, le plus souvent, elle complète votre propre sentiment au sujet de la situation révélée par le masque, dans le sens d'un élargissement imprévu.

Voici, par exemple, un masque que son auteur, Francine, une jeune femme approchant la trentaine, a désigné par « avorton ». Elle résume ainsi un très grave problème qui hypothèque son équilibre intérieur. Celle qui lui a présenté cet « avorton » en retour, a mimé une naissance, puis un bébé vigoureux qui réclamait avec énergie le droit à la vie. L'émotion de Francine est indescriptible. Elle a vécu un véritable choc, qui, par la suite, est devenu un point de référence nouveau. A partir de là, elle a pu envisager ses difficultés sous un nouvel éclairage.

Pour une autre participante, Claire, une dame d'âge mûr, son masque très coloré lui a été révélé (le mot n'est pas trop fort) par la danse endiablée d'un jeune participant, Jean. Cette danse rapide et rythmée qui a laissé Jean épuisé, Claire, elle-même, en aurait été physiquement tout à fait incapable. Dans le feed-back, elle s'est écriée enthousiaste : « J'ai vu mon animus devant moi, devant moi, vous vous rendez compte ? Lui et sa danse sacrée vivaient là, en moi, et je m'en doutais si peu ! » Sa reconnaissance et son affection amicale pour Jean, qui l'a si bien comprise, durent bien au-delà de la semaine de stage.

A LA MOITIÉ DU STAGE...

Quand la présentation des masques est achevée, nous en sommes au milieu de la semaine. Dès maintenant, les jeux sont « ouverts ». Cela signifie que le participant le plus décidé sur le moment, se met à jouer avec le masque de son choix. Si quelqu'un se sent « fécondé » par la situation mise en scène, il va le rejoindre, masqué naturellement. Tous ceux qui en ont envie peuvent s'intégrer l'un après l'autre dans le jeu et se retrouver simultanément sur scène, pourvu qu'il reste une seule personne pour représenter le public. La règle de la coexistence juxtaposée a été abandonnée : on est libre d'entrer dans le jeu de l'autre ou pas, de jouer avec lui, contre lui, ou à côté de lui. D'autre part, chacun peut quitter la scène à sa convenance, mais généralement on n'intervient pas deux fois dans le même jeu. Celui-ci se termine quand le dernier acteur s'en va.

Il peut arriver que le protagoniste reste seul sur scène. C'est alors un jeu avec un acteur unique. On s'efforcera dans le feed-back d'en établir les raisons.

Dans les moments réservés à l'artisanat, chacun s'occupe à sa guise : les uns peignent et repeignent leur masque, les autres en confectionnent un deuxième, voire un troisième, éventuellement avec d'autres techniques. D'autres encore préparent en grand secret les accessoires dont ils pensent avoir besoin pour réaliser leur projet de jeu.

Denise conseille, dépanne, aide où elle peut.

Quant à Laura, sa devise c'est : « Surprenez-moi ! », et elle recommande aux stagiaires de ne pas dévoiler leurs projets de jeu à l'avance, ce qui en diminuerait l'impact. Comme nous faisons un théâtre d'improvisation, les participants ne prévoient et ne préparent jamais à l'avance de jeux à plusieurs. Toute intervention dans le jeu de l'autre est entièrement spontanée.

LES JEUX OUVERTS

C'est l'heure, chacun s'installe.

Les masques sont étalés, tournés vers le public. Parmi eux, certains commencent à avoir leur histoire et ont quelquefois même reçu un nom : le « héros », le « chamane », « la mère », l'« élégante », l'« ingénue », la « méduse », le « diable », l'« eau », le « feu », et ainsi de suite. Mais rien ne vous empêche de jouer le masque de votre choix très différemment de l'emploi qui en a été fait jusque-là, si telle est votre inspiration.

Justement, on attend en silence qu'un participant se décide à être le prochain protagoniste. Les projecteurs orientés sur eux, on contemple les masques, on les laisse agir sur soi. Ce n'est pas rare que, brusquement, vous vous décidiez pour un masque qui, jusqu'ici, ne vous suggérait rien du tout. Voilà que d'un coup il semble coller parfaitement au personnage qui depuis quelques instants, quelques heures, voire quelques jours, s'agite au fond de vous.

A partir de là, il devient très difficile de décrire ce qui se passe, tellement cela revêt de formes différentes.

Le protagoniste, lui, a généralement un projet auquel il souhaite donner vie. Incarner un personnage, une situation qui nous tient à cœur est une aventure en soi : après le choix du masque, il s'agit d'imaginer et de réaliser le costume, sans trop tarder. Le public attend patiemment, mais tout de même, il faut prendre des décisions rapides, plus intuitives que raisonnées. Quelle(s) couleur(s) ? Quelle forme ?

Voici le moment d'entrer en scène. Aura-t-on recours à une entrée rapide ? intempestive ? agressive ? Ou, au contraire, lente ? furtive ? timide ? Adoptera-t-on un pas rythmé ? saccadé ? décidé ? traînant ? Ou entrera-t-on à quatre pattes ? en roulant ? en rampant ? Tout notre corps, chacun de nos gestes, chacune de nos attitudes, le moindre de nos mouvements vont contribuer à créer l'image. En effet, côté public, quelle surprise de voir le *visage* d'un acteur sembler s'éclairer parce que la tenue de son corps a changé, alors que le masque qu'il porte est, lui, toujours le même !!!

Le jeu commence. Il est possible qu'il éveille les passions et que, très rapidement, trois, quatre et même plus de participants aillent rejoindre l'espace scénique. Le jeu va-t-il s'en trouver enrichi ou entravé ? L'intention première pourra-t-elle se développer ou se modifiera-t-elle en cours de route ? Le personnage représenté vit-il avec suffisamment d'intensité au fond de celui qui lui prête vie pour rester cohérent et crédible au travers des contacts proposés par les uns et les autres ? Restera-t-il figé dans sa première apparition ou pourra-t-il évoluer au cours du jeu ? Ou se mettra-t-il tout d'un coup à exister d'une façon autonome et le pauvre acteur perdra-t-il le contrôle de son jeu ? (C'est là le moment où risque de retentir le fatidique « Passage à l'acte ! ». Dans le meilleur des cas, l'interruption permettra de regagner le contrôle sur le jeu que l'inconscient a, un instant, réussi à subtiliser.)

Parlons un peu des thèmes mis en scène. Nous avons déjà dit que nous faisons un théâtre symbolique, dont le langage est le geste. Bien que ses acteurs masqués crient, chantent, pleurent, s'exclament, geignent souvent, ils ne parlent que tout à fait exceptionnellement. Alors, qu'expriment-ils ?

Généralement, au cours d'un stage apparaissent des thèmes venus de couches très variées du conscient, de l'inconscient personnel et même de l'inconscient collectif. Certains choisiront leurs thèmes ou leurs personnages toujours au même niveau de concience, là où ils en sont au moment du stage. Ils vont, par exemple, jouer les personnages symboliques de notre société : le soldat, la putain, le moine, l'acrobate, le rat de bibliothèque, etc.

D'autres, plus axés sur leurs problèmes personnels, vont vouloir présenter une situation caractéristique et surtout problématique de leur enfance. J'ai vu un jeune homme découvrir avec émotion, dans le rôle de sa mère, à quel point celle-ci a dû être dépassée par l'ampleur et la multiplicité de ses tâches et aussi que sa rigidité n'a été qu'une tentative de dominer tant bien que mal la situation intenable où elle se trouvait.

Plusieurs essaieront de mettre en scène leurs personnages intérieurs : une jeune femme choisira son animus en quête de réponses à ses interrogations, puis, peut-être, l'un ou l'autre des quatre aspects de l'idéal du moi féminin : la femme qui souffre, celle qui aide, l'élégante, la danseuse[4].

Descendant vers des couches plus profondes de son inconscient, elle aura, qui sait ? le souhait de donner vie aux forces instinctives, animales qui sommeillent en elle, et elle jouera la chatte ou le taureau. Allant plus profondément encore, elle explorera la vie végétale en jouant une plante qui grandit, s'épanouit, puis se fane. Ou l'arbre fortement enraciné qui cherche le soleil.

4. Linda Fierz-David : Psychologische Betrachtungen zu der Freskenfolge der Villa dei Misteri in Pompeji — Ein Versuch, Zürich, 1957 (hors commerce).

Quelques-uns, dont la préoccupation du moment est de mieux cerner leurs relations à l'archétype du père (ou de la mère, sans exclure d'autres archétypes moins fréquents), vont s'attacher à incarner le plus d'aspects différents possible du bon père et du mauvais père. Par exemple, quelle riche matière à réflexion pour cette participante qui a pensé avoir enfin fait le tour de son problème de mère négative : elle joue la « bonne mère » et dans le feed-back, elle découvre que le public, lui, dans sa grande majorité, a seulement vu la « mauvaise mère » ! A deux-trois jours de là, elle se dit : « Eh bien ! puisque je ne sais que jouer la mauvaise mère, allons-y, je jouerai donc la mauvaise mère ! » Dans son jeu, comme elle nous l'a rapporté, elle a un peu perdu le fil et, miracle ! le public cette fois a relevé quelques traits d'une bonne mère !

Certains stagiaires, au bénéfice d'une grande expérience de leur vie intérieure, vont plus loin encore et atteignent les couches de l'inconscient collectif. Apparaissent alors les personnages mythiques les plus divers. Souvent, ceux qui les jouent, ne savent même pas qu'ils soulèvent des thèmes archétypiques collectifs. Les vastes connaissances de Laura lui permettent de faire les associations qui s'imposent. Les uns vivent alors des prises de conscience mémorables, pendant que les autres élargissent leur culture.

Je donnerai comme exemple d'un jeu mythique, le chien psychopompe qu'une participante a incarné : un personnage se mourait sur scène et elle est venue accompagner de ses hurlements cette âme dans son agonie, sans même savoir que dans la mythologie, on attribue au chien le rôle de guide des âmes.

Les thèmes des jeux archétypiques sont très riches et variés. N'oublions pas de citer ceux qui mettent en scène la marche des planètes, le cycle de l'eau, le feu, la terre, l'air, les anges, le diable, le dragon, etc.

J'ajouterai qu'au cours du stage, personne ne se préoccupe de savoir à quel type de jeu nous avons affaire et, d'ailleurs, ce ne serait pas toujours très facile à déterminer. Je n'ai distingué ces différents types que pour mettre un peu de clarté dans l'exposé.

CONCLUSION

J'ai demandé à quelques participants ce que le(s) stage(s) de masques leur a(ont) apporté.

Une jeune femme m'a dit s'être ouverte à l'art, à l'art primitif péruvien en particulier. Elle vibre à ces personnages étranges qui lui paraissaient, auparavant, appartenir à un monde fermé.

Un homme, proche de la cinquantaine, répond s'être fortifié : il craint bien moins de laisser tomber le masque (sic) ! Il a aussi découvert qu'il y a des gens qui conçoivent l'existence tout autrement que lui. Par conséquent, s'il veut se faire comprendre, il faut qu'il s'explique lentement, patiemment. Il a appris en jouant que le public ne saisit un message que s'il est clair et quelque peu insistant, répété. Il ne suffit pas de tendre la main une fois, furtivement, pour être reconnu mendiant !

Une autre personne, venue au stage au terme de son analyse personnelle, raconte avoir mieux compris ce que ses personnages intérieurs avaient de positif et ce qu'ils avaient de négatif. Elle a donc pris une meilleure distance face à eux.

Mais quel est le dénominateur commun de ces remarques, et de bien d'autres, apparemment si différentes ?

Nous avons dit que le théâtre symbolique, selon Laura Sheleen, est un instrument d'individuation pour les participants. Or l'individuation passe par l'intégration de la quatrième fonction[5].

---

5. Nous faisons allusion à la typologie jungienne. Très brièvement : selon Jung, pour s'orienter dans le monde (intérieur ou extérieur), nous avons recours à quatre fonctions : sensation, pensée, intuition, sentiment. Ces fonctions, qu'on représente disposées sur un cercle, s'opposent deux à deux : pensée et sentiment aux deux pôles de l'axe du jugement, tandis que sensation et intuition occupent les extrémités de l'axe perpendiculaire, l'axe irrationnel. Chacun de nous maîtrise tout spécialement une de ces fonctions, c'est sa fonction principale qui détermine son type. La personne très rationnelle chez qui domine la logique mathématique est du type « pensée » ; quelqu'un d'essentiellement pratique est du type « sensation » ; etc. L'ennui, c'est que la fonction qui se trouve sur le même axe que notre fonction principale se développe peu et domine l'inconscient. Elle n'est pas à la disposition de notre conscient,

Ma conclusion est donc que la fréquentation des stages de masques de Laura Sheleen permet à chacun une meilleure approche de sa quatrième fonction, quelle qu'elle soit.

Passons-les en revue.

La *fonction sentiment* intervient dans la nécessité d'étayer, d'étoffer le jeu. La logique mathématique, schématique et souvent un peu squelettique du type « pensée » ne lui permettra pas de toucher et de convaincre le spectateur. Pour que son message passe, il devra descendre en lui-même et y mobiliser ses sentiments. Ce n'est qu'avec leur aide qu'il trouvera le ton juste qui lui permettra d'être reçu. Il va devoir livrer un dur combat contre sa façon de fonctionner habituelle. Mais quelle joie chaque fois que le public, au cours du feed-back, lui signifiera sa compréhension. Il y a fort à parier que cette expérience lui sera précieuse dans la vie courante pour mieux communiquer avec ses proches.

A l'opposé de la fonction sentiment, nous trouvons la *fonction pensée*. La fonction pensée est la pierre angulaire du feedback. Comment faire partager au groupe vos intentions d'abord, votre vécu ensuite, sans y mettre un peu d'ordre ? Vous êtes bien obligé de suivre un fil conducteur, aussi ténu et tortueux soit-il, si vous voulez que les autres puissent suivre vos explications. Le type « sentiment » devra donc systématiser sa pensée qui a tendance à courir dans toutes les directions à

---

qui ne la manie que malhabilement. Elle a tendance à nous jouer des tours : c'est notre côté boîteux. On l'appelle la « quatrième fonction ». Les deux autres fonctions situées sur l'axe perpendiculaire sont des fonctions auxiliaires de la fonction principale et causent moins de problèmes.

Jung disait que la première tâche de la jeunesse est de façonner au mieux sa fonction principale afin de posséder un instrument impeccable pour trouver sa place dans la société et être capable de gagner sa vie. Dès l'âge adulte, par contre, il s'agit de tendre vers sa totalité, ce qui implique l'intégration de la fonction inconsciente. Cette intégration va induire une nouvelle répartition, plus équilibrée, de l'énergie vitale entre les quatre fonctions.

Pour de plus amples détails, consulter :

— C.G. Jung : Types psychologiques, Georg & Cie, Genève, 1958.

— M.L. von Franz, J. Hillman : Jung's typology, Spring publications, Zürich, 1971.

— Cahiers de psychologie jungienne, N° 17, printemps 78.

la fois et à trop s'appesantir sur les détails. Là aussi, l'effort sincère consenti par ce participant lui apportera des possibilités nouvelles dans sa vie quotidienne.

Passons aux fonctions situées sur l'autre axe.

La *fonction sensation* trouve de nombreuses occasions d'application au cours du stage. Prenons le travail artisanal. Chacun connaît de ces personnes très intuitives (dont la fonction sensation est la fonction inférieure), à l'aise dans les idées et les abstractions, mais complètement perdues au niveau pratique. Quel bonheur pour elles de pouvoir se confronter à la matière dans la sécurité ! En effet, la présence constante de Denise, qu'aucune « catastrophe » n'affole, crée cette ambiance positive sans laquelle les intuitifs sont mal à l'aise et qui, seule, leur permet l'affrontement, périlleux pour eux, de la matière et des choses.

Au cours des jeux, l'intuitif, assis dans les rangs du public, va exercer sa faculté d'observation des situations ponctuelles, concrètes. En effet, lui qui, spontanément, ne saisit que l'atmosphère d'un événement et seulement difficilement l'événement lui-même, constatera bien vite dans les feed-back que tous les petits faits importants, évidents pour les autres, lui ont plus ou moins complètement échappé. Donc, s'il veut intervenir dans les échanges et étayer son opinion par des arguments concrets, il devra faire un effort pour mieux observer et retenir ce qui s'est effectivement passé sur scène.

Comme les autres, la *fonction intuition* trouve aussi son emploi au cours du stage. Elle permettra, par exemple, de saisir la dimension d'un masque restée cachée jusque-là.

D'autre part, pour intervenir valablement dans un jeu en cours, il faut la vision globale de la problématique exposée, que seule l'intuition peut donner. L'intuition permettra aussi de sentir dans quelle direction on peut élargir et enrichir la situation présentée sur scène. Il faudra peut-être beaucoup de temps à la personne plus spécialement pratique pour ajouter cette nouvelle dimension à sa façon d'être au monde, mais l'enrichissement acquis fera que ce temps ne sera pas perdu.

Je pense avoir montré dans ces quelques pages que les masques de stage de Laura Sheleen présentent la précieuse et rare particularité de permettre à toute personne en quête de son individuation de développer l'aspect le plus problématique de sa personnalité, tout en jouissant de la valorisation de ses côtés positifs. Le fait que cela se passe au sein d'un groupe lui permet de recevoir constamment l'aide et l'encouragement nécessaires pour ce qui se révèle par moments un pénible voyage.

Sonceboz et Neuchâtel, janvier 1983
Catherine Rübner
Psychologue-analyste
Membre de la Société suisse
de psychologie analytique

Réflexions sur le passé, le présent et le futur du masque

« Nous sommes faits de tous les objets du monde ».
Pierre Solié

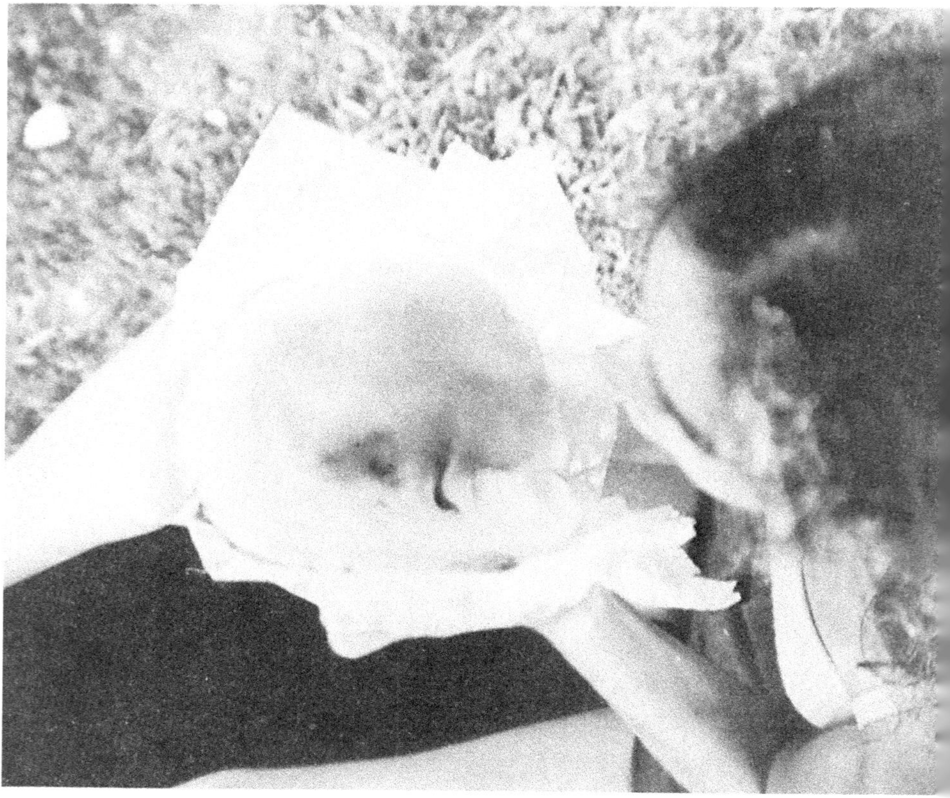

Pour nos ancêtres, aussi bien que pour nous-mêmes, une représentation jaillit toujours d'une **pulsion**. La fabrication des masques, des danses, des musiques, sont des activités de représentation poursuivies avec l'intention, le besoin même, de donner sens à l'apparence de non-sens de notre chaos pulsionnel.

Toujours utilisés en conjonction avec les danses, les rituels et les représentations théâtrales, les masques expriment les problèmes de l'être humain. « On ne peut pas savoir si c'est le masque qui a engendré la danse ou la danse qui a engendré le masque.» (Curt Sachs) En tout cas, c'est le masque qui a commandé les mouvements. Le porteur d'un masque représentant un *daïmon* (esprit protecteur) ne fera pas les mêmes mouvements que le porteur d'un masque représentant un *démon* (esprit du mal, esprit tourmenteur).

Des actes aussi symboliques que danser, mimer, représenter, expriment des besoins profonds, organiques et psychiques, et permettent de décharger l'accumulation de tensions pulsionnelles et affectives. Danser et mimer avec un masque est pour l'être humain en acte le moyen de transcender son identité quotidienne, d'exprimer et de projeter symboliquement ses fantasmes, ses aspirations irrationnelles, imaginaires et **imaginales**.

Par ces actes de représentation, l'être peut prendre distance avec le « **Ça** » (Groddeck) envahissant, qui est l'Autre (Lacan) de moi-même, qui est inconnu à moi-même, à mon moi-conscient, mais qui est présent dans mon inconscient (refoulé). Seulement *Ça* qui est présent peut être re-présenté. Une représentation est le *signe extérieur* d'une *présence intérieure*. Quand ce signe représente des pulsions refoulées, inconnues à l'**ego** présent actuel, on peut parler d'un *symbole*. L'une des fonctions du symbole est de référer (donner un sens abstrait mentalement) à « Ça » qui est ailleurs (non-présent à la conscience), qui manque dans l'**ici et maintenant** (présent et conscient). Ces représentations symboliques qui émergent dans les arts, vont permettre aux êtres (émetteurs et récepteurs) de créer la distance nécessaire pour le commencement du processus de différenciation entre les *objets physiques externes* et les *objets psychiques internes*. Ce processus peut graduellement transformer les notions existentielles confuses de l'être en les ordonnant et en les orientant vers une ouverture progressive de la pensée réflexive et de l'esprit. Sur ce chemin, le masque, la danse, les représentations, l'art en général, deviennent des objets de transition et de transformation.

Selon Freud, la fonction générale de l'art était essentiellement un moyen de jouir de nos fantasmes sans culpabilité tout en restant impuni. En ce qui concerne le masque, celui qui a l'habitude de regarder analytiquement va observer que les porteurs de masque subissent une série de modifications de comportement concernant leurs fantasmes et leur culpabilité. Sous le déguisement du masque, le porteur peut échapper aux limites de son **moi** et de son **sur-moi**. En perdant ses inhibitions, l'être masqué laisse émerger les principes de sa véritable identé (son essence) et pendant un temps il peut échapper à ce qu'il croit être (le moi), ou à ce qu'il croit qu'il doit être (édicté par le sur-moi).

Curt Sachs dans son « Histoire mondiale de la Danse » dit : « Le visage est le siège de l'esprit. Changer le visage c'est admettre un autre esprit. On appelle cet autre visage un masque. »

En réfléchissant sur le masque, on réfléchit, aussi, sur l'être qui est le créateur du masque. Selon certains mythes, les masques ont été inventés par les femmes, puis accaparés par les hommes qui ont, dans de nombreuses ethnies, exclu des femmes (quelquefois sous peine de mort) de leur fabrication, leur port, et leur interprétation, et même de la possibilité de les regarder. Les mâles ont opposé le masque (objet créé, donc, objet de *culture* parce que créé par les mâles) aux phénomènes de possession vécu par eux en relation avec la *nature*. Ces phénomènes naturels (envoûtants pour les mâles) étaient perçus *par eux* comme essentiellement féminins, comme la nature des objets enfantés par les femelles ou tout autre objet trouvé dans la nature. Plusieurs mythes révèlent qu'à l'origine, le masque est lié au problème de la **syzygie**, à la représentation du fusionnel, le fusionnel syzygique de l'inceste génital, le fusionnel syzygique du cannibalisme oral et le fusionnel syzygique de la gémellité (la peur de l'*ombre*, la peur de la *réflexion* dans l'eau et dans la pupille de l'œil de l'*autre*, le *double*, peur de cet « autre » qui est comme soi, vu à travers le rêve, et la fascination du *jumeau*, cet « autre » qui naît en même temps que soi).

Le masque va permettre une médiation entre cet *un* et cet *autre*, va permettre de sortir l'un de l'autre... de sortir l'enfant de sa mère, de distancier le mâle de la femelle, l'homme de la femme, de représenter le vampire et sa victime, d'isoler l'ogre ou l'ogresse avec sa bouche avide, qui est toujours mal nourrie, avec son seul désir d'incorporer l'autre. C'est avec les représentations masquées qu'une simulation de l'Autre peut être captée, objectifiée. L'Autre (jusqu'à maintenant occulté) prendra visage, sera incorporé, nommé et sortira du refoulement syzygique. L'ordre peut sortir du désordre, la culture peut se différencier de la nature, le cuit du cru, le propre du sale, l'*objet trouvé* dans la nature peut être suppléé par l'*objet conceptualisé et créé*, objet de la culture. L'humain émergera de l'animal ; la dichotomie entre le possesseur et le possédé apparaîtra, et fera que chaque être peut devenir un objet pour un sujet ou un sujet pour un objet, ou un sujet en relation avec un autre sujet. Avec la représentation, l'identification, la nomination que le masque va permettre, les frontières du refoulement peuvent être repoussées et l'angoisse d'être englouti par et dans l'autre, apaisée.

Aujourd'hui, les artistes occidentaux participent à la renaissance du masque. Notre théâtre actuel opère un retour aux origines, retour vers ses rites, paradoxalement en synchronisme avec la démystification de ces mêmes rites. Dans ce processus, le masque peut resurgir et redevenir *signe porteur du sens*. Ces jeux masqués du théâtre contemporain rejoignent parfois les fonctions originales d'intervention chamanistique ; où naissent les drames initiatiques entre le héros et *son* dragon, offrant à l'assistance la circulation d'une communion affective puissante.

Et puis, on assiste à une véritable invasion du masque qui entre dans les écoles maternelles, dans les cours de créativité artisanale et théâtrale, associé aux activités d'expression corporelle. Il apparaît dans les séances d'**ergothérapie** et de **psychodrame**.

Mais, pour bien utiliser ce masque, on sera obligé d'élargir notre connaissance concernant sa fonction en tant qu'instrument d'expression de la psyché individuelle et collective, instrument de transition et de transformation, soit régressive et infernale (identification avec l'imaginaire, dépressions, inflations) soit progressive et imaginale. En bien des cas, un travail avec les masques peut véhiculer une véritable psychose.

Chaque culture produira les techniques et les modalités propres à ses parcours initiatiques. Aucun être humain ne peut refuser l'appel (la vocation) de devenir chaman ou initiateur... mais il doit payer le prix et n'y arrive pas qui veut. Tout prétendant ne peut y atteindre, s'il n'a pas fait l'effort suffisant pour explorer sa psyché propre, individuelle et collective.

Cette psyché collective se manifeste par l'élaboration de mythes dans lesquels tous les autres actes imaginaires, imaginals et créatifs de l'art prennent racine. Le mythe est à la base du rituel et le rituel exprime le mythe. Danse et masque sont toujours liés au rituel et au mythe. Ce qui est visé, presque toujours, est un geste archétypal et la commémoration d'un moment mythique. Un mythe, avec ses rituels, naît, croît et meurt ou se transforme, pour être remplacé par un autre qui correspond, plus justement, ici et maintenant, au besoin psychique collectif contemporain. Ce sont, toujours, les arts, mais spécialement la danse et les masques, qui servent à l'actualisation des mythes.

Et aujourd'hui, n'est-ce pas ces deux arts qui resurgissent avec puissance, dans notre monde moderne et hyperrationnel ? Cette pratique, si durable, du mythe-rituel-masque-théâtre est depuis un certain temps mise en rapport avec la théorie psychanalytique. Le théâtre et le cinéma d'aujourd'hui révèlent un champ thématique de conflit entre le moi, le surmoi et le Ça, entre les personnifications des archétypes tels que l'*ombre*, le *double*, **l'anima, l'animus**, etc. Les films comme *Possession, La guerre des étoiles* et l'*Empire riposte* sont des manipulations conscientes de cette production de mythe.

Peut-être nos pères de la psychologie des profondeurs et de la psychanalyse, Jung et Freud, auront-ils le dernier rire, là où je les imagine, dans les « Hessien » — couloirs de l'éternité — (les mythes sont hors du temps). Dans son « Loup des Steppes », Herman Hesse n'a-t-il pas le premier mis en scène dans son Théâtre Magique le « Ça » de son héros Harry Haller ? Et d'ailleurs, la pratique consciente d'un « certain » théâtre est devenue un moyen psychothérapique, et c'est le sujet de ce livre.

Dans toutes les cultures, depuis l'aube de l'histoire, nos désirs humains ont trouvé leur expression dans le masque. Les premières traces peuvent être situées vers 30 000 années avant J.-C., quand l'homme paléolithique, dans ses peintures rupestres, a représenté des scènes de chasse avec des danseurs masqués. Plus tard, dans la civilisation grecque, la tête coupée de Méduse sera le premier masque et sa fonction sera d'épouvanter. Après avoir été, à l'origine, un instrument de rituel, le masque a été adopté par le théâtre pour exprimer le tragique, le comique, et le satyrique. Le masque tragique grec exprime l'épouvante du protagoniste agonisant devant son destin propre. A l'opposé, le masque comique exprime la dérision que ce destin peut inspirer. On est déjà plus près de la solution quand on peut rire d'un problème, ou de soi-même. Les masques les plus importants sont souvent les plus bouffons et ils exploitent l'aspect comique de l'agonie.

Les Romains ont repris et continué les coutumes grecques et les premières représentations chrétiennes des Passions étaient masquées. Avec le pouvoir grandissant de l'Église, le masque est dévalorisé et investi d'un sens négatif qui appauvrit son art et sa production en Occident. L'Église, en s'opposant aux croyances païennes, a privilégié la conscience rationnelle et l'intellect ; de ce fait les pouvoirs de l'inconscient ont été refoulés, ces forces intérieures ont dû être transformées par le dogme de manière à être reconnues comme démoniaques. Le masque ainsi répudié devint l'instrument de mensonge et de séduction : toute âme qui ne résistait pas à son appel devait succomber au pouvoir noir des instincts animaux et de la magie ; ainsi au Moyen Age, le masque ne pouvait personnifier que le mal, les monstres, les diables, les démons ; jamais les *daïmons*. Les *daïmons* païens furent transformés par l'Église en anges, esprits protecteurs et messagers de Dieu, suprême et unique. Selon J.M. Maerten « Au XXe siècle, les masques aléoutiens étaient détruits par les papes orthodoxes, et plus près de nous, en 1959, les missionnaires irlandais supprimèrent systématiquement les masques Ibo. » Malgré cette résistance des pouvoirs de l'Église, les masques ont survécu dans nos carnavals, qui demeurent des occasions de retrouver et de continuer les anciennes traditions païennes.

Plus loin de nous, toute l'Asie a une production prolifique de dieux, démons, daïmons, et animaux symboliques ; et les masques sont utilisés dans les drames profanes et religieux. Les Indiens et les Esquimaux d'Amérique ont, eux aussi, une activité créatrice très riche en masques. Ce trop bref regard historique ne saurait se terminer sans faire référence à l'Afrique et l'Égypte, et sans évoquer les traditions et rituels masqués qui jalonnent la route du Nil, et puis les coutumes animistes des tribus africaines du centre-ouest de l'Afrique.

Il ne faut pas oublier de mentionner que dans les cultures musulmane et judaïque, le credo religieux a posé un interdit à la fabrication de l'image... et agissant comme les autorités chrétiennes, les patriarches de l'Islam ont persécuté les masques ; ainsi récemment en 1920 tous les masques de Tchamba furent brûlés. (J.M. Maertens, Masque et Miroir, p. 12).

Dans notre culture, la psychologie des profondeurs de Jung, la psychanalyse de Freud, l'anthropologie et l'ethnologie, ont permis une réévaluation de notre façon de voir les pouvoirs de l'inconscient, et par là-même de la fonction du masque.

Donc, de tout temps, les êtres humains ont donné forme, avec le masque, aux rituels magico-religieux-sociaux, aujourd'hui aussi bien qu'aux temps préhistoriques. C'est par le mythe et à travers le rituel, que l'humanité *se donne à elle-même* le projet de son désir (pulsionnel, imaginaire) et la promesse de dépassement personnel et collectif (imaginal). Dans ce cheminement à travers l'imaginaire vers l'imaginal, le masque lui-même est l'objet d'investissement des pouvoirs projetés, objet qui porte le désir de transition vers une transformation. Le porteur d'un masque peut être transformé, par identification, en être mythique qui habite le masque (toujours projeté par l'être porteur). Cette identification de l'acteur avec l'être qu'il représente, lui permet d'expérimenter l'Autre en lui-même, de l'intégrer et de transiter vers une transformation psychique réelle. La confusion syzygique peut être clivée entre le monde pulsionnel de l'imaginaire, l'espace temps mythologique *et* le monde existentiel de l'espace-temps réel. Avec cette nouvelle conscience, l'acteur peut se permettre de transiter d'un monde à l'autre sans peur d'être englouti (possédé par son identification).

Objet et lieu de projection, le masque appartiendra à une catégorie d'objet ayant une fonction particulière, fonction toujours en relation avec l'Autre.

a) Les masques de guerre, ayant la fonction d'épouvanter, d'intimider l'*Autre*, de paralyser soit son agresseur, soit sa proie. Ils sont redoutables pour effrayer l'*Autre*.

b) Les masques d'initiation (masques généralement cachés et gardés dans un lieu secret), dont la fonction concerne la transformation ; ils deviennent opérants et visibles, seulement, pendant les rites de passage, quand le candidat sera guidé par ses aînés vers l'*Autre* qu'il est censé devenir.

c) Les masques des sociétés secrètes, seuls les initiés qui ont déjà donné corps à la manifestation de l'*Autre* peuvent les voir ou les porter.

d) Les masques de fertilité, ayant la fonction de favoriser la végétation, l'agriculture. Ils représentent ce grand *Autre* qui donne (ou ne donne pas) la vie.

e) Les masques de la maladie, leur fonction est de défusionner le malade de sa maladie en personnifiant le démon, qui peut être chassé si on le rend visible, et *autre*, dans la forme d'un masque.

f) Les masques de camouflage, ayant la fonction de se confondre avec le milieu pour se protéger du regard con(voit)ant de l'*Autre*.

g) Les masques de travesti, ayant la fonction de passer pour l'*Autre* sexe. On en trouve le prototype dans la nature, où un insecte ou un animal se travestit pour donner l'apparence d'une *autre* espèce.

h) Les masques de séduction, à l'apparence aimable pour attirer l'*autre* convoité.

i) Les masques guérisseurs, qui ont pour fonction de représenter les *autres* esprits soignants du chaman.

j) Les masques gardiens, ayant pour tâche de protéger les arbres ou les champs quand les fruits sont mûrs.

k) Les masques allégoriques, qui sont la représentation visible des idées, par exemple, la justice ou la liberté.

l) Les masques d'un esprit, d'un ancêtre, d'un défunt.

m) Les masques représentant les esprits des animaux tués ou qu'on veut tuer, de l'animal totem (ancêtre) ou en rapport avec la dualité animal-humain (l'animal ancêtre ou mangé est *dans* l'humain ; ou l'humain existant *dans* l'animal, c'est-à-dire, mangé *par* ou possédé *par* l'animal).

n) Les masques funéraires, l'*Autre* qu'on deviendra dans la mort.

Tous ces masques, symboles des passions humaines, seront porteurs d'une inspiration esthétique. On les classe en masques réalistes, masques abstraits, masques expressionnistes, masques cubistes, géométriques, surréalistes, anthropomorphes, zoomorphes, baroques, cosmiques, allégoriques, etc. Chaque masque est investi d'une signification par son créateur et celui qui le porte sur son visage s'ouvre pour être pénétré par le mystère de l'esprit du masque.

Chez le spectateur, l'effet simultané de l'impact visuel du masque, accompagné de mouvements du corps, fait que l'observation du moi-conscient est dépassée, parce que la vision des images pénètre l'observateur et opère l'actualisation des couches profondes de l'inconscient collectif. Le fait que nous sommes toujours fascinés par les êtres masqués, que cette production du masque et sa manipulation apparaissent continuellement pour notre émerveillement en presque toutes les cultures du monde, est une confirmation que quelque chose d'universel et de constant est là.

Peut-être maintenant, après avoir été l'objet de haine, après avoir survécu aux répressions et persécutions, peut-être maintenant, avec sa résurgence, sa renaissance, dans notre monde rationnel de *science*, un tournant dans nos « *(con)sciences* » nous conduira à regarder à travers les yeux vides de nos masques. Ce regard, concentré, mettra un voile sur nos yeux de chair, afin d'aboutir à une vision intérieure, plus clairvoyante, révélatrice de cet *Autre monde*, ayant ses racines dans l'irrationnel, mais lieu et état de l'*imaginaire* et de l'*imaginal*. Peut-être peut-on capter, maintenant, ces autres paroles qui nous parlent à travers le silence d'un masque.

L'histoire montre que l'humanité n'a pas abandonné son désir de créer ses objets. C'est une des activités importantes par laquelle elle projette sa capacité protéenne de transformation. L'histoire du masque est le reflet du développement de l'esprit. Le contexte change de génération en génération, mais la pulsion de base reste la même.

Le masque devient l'objet d'études scientifiques et artistiques. Pour l'homme de notre temps, ce n'est pas dieu l'inconnu qui sera le sujet d'un masque, mais ce qu'il y a d'inconnu en lui-même, en nous-mêmes, qui chercherait à prendre forme entre nos mains. L'Homo-ludens se cherche et passe, comme dit Pierre Solié « de syzygie en syzygie », passe d'incarnation en incarnation, de manifestation en manifestation, de transformation en transformation. Son objet de transition éternel semble être un masque. Son projet éternel de transformation semble être le désir de se démasquer pour devenir *Autre*, pour devenir... Soi.

Une recherche de théâtre archétypal avec masques, visant le développement de la personne

« La tâche de refaire le monde théâtralement
est au cœur de l'entreprise
de refaire le monde.
La société libérée serait celle
où tout homme aurait
pouvoir de créer
son propre théâtre. »

Alfred Simon

Vers 1965, dirigeant des cours pratiques pour des professionnels du théâtre, j'ai eu l'occasion de proposer des improvisations masquées. Chaque acteur utilisait le masque qu'il avait lui-même créé. Durant une séance, je fus frappée par un changement dans le comportement scénique de mes stagiaires. Le niveau de leur implication me semblait plus profond, plus authentique que lorsqu'ils travaillaient avec des masques venant d'autres mains créatrices que les leurs. Ce fut une révélation pour moi et la richesse de ce matériel me permet de poursuivre aujourd'hui encore cette recherche.

J'étais déjà sensibilisée au psychodrame, et pendant un certain temps j'ai cru que ce n'était qu'une variante de cette technique. Puis, avec le temps, je me suis trouvée en présence d'un processus porteur d'une telle intensité affective et révélant un matériau symbolique tellement riche, que j'ai préféré l'appeler Mythodrame ou Théâtre Archétypal. Peut-être parce qu'aucun jeu n'était nouveau : on redécouvrait et on révélait toujours les mêmes vieilles choses. Dans nos jeux, les mythes renaissaient, démasquant ce que chacun occulte d'une même réalité.

Je propose ici le récit de certaines de mes expériences, conduites dans un but éducatif et thérapeutique, sans jamais perdre de vue mon objectif : une compréhension synthétique. Je ne peux pas prétendre constituer un savoir, et, pour le moment, maints aspects des phénomènes observables échappent à l'interprétation. Peu à peu, j'ai mis en place des procédures simples qui constituent une technique s'appuyant sur le psychodrame, le rêve éveillé et l'analyse individuelle en contexte de groupe, tout en restant non-directive en ce qui concerne le choix et l'auto-régulation du projet (matière à explorer) du stagiaire.

Une méthodologie a émergé concernant les règles de départ et de clôture, concernant les lieux, le temps, les types de relations possibles, la participation aux frais, la place du jeu et du non-verbal et la reconstitution verbale.

Dans sa forme actuelle la durée d'un séminaire est de sept jours : un groupe centré sur lui-même avec la possibilité de suivre d'autres séminaires, espacés tous les six mois. Chaque séminaire est une fête, une célébration, avec non seulement production de masques, jeux théâtraux, jeux délirants des mots, mais aussi une vie en communauté où les tâches sont partagées et les repas sont des assemblées à animation intense, où le discours fait avancer la recherche.

Dans un premier temps, un séminaire d'initiation est ouvert à tous les adultes. Il est préférable de regrouper les plus jeunes ensemble, en fonction de leur maturité, en évitant les grands écarts d'âge. En ce qui concerne les adultes, il est souhaitable que le groupe soit mixte. Personnellement, je trouve très bien d'avoir des personnes d'âge moyen et d'autres plus âgées dans le même groupe. La confrontation d'un acteur vraiment jeune, qui représente la vieillesse, avec un acteur vraiment vieux, qui représente quelqu'un de jeune, est toujours très riche. Cependant, vieux et jeunes ne jouent pas de la même façon. Il me semble que les jeunes affectionnent les jeux de « réparation » et de « préparation », alors que les plus âgés préfèrent les jeux de « récupération de ce qu'ils ont manqué ».

Les groupes comprennent de douze à seize participants et deux animateurs ; l'un dirige les travaux artisanaux, l'autre, les jeux théâtraux. Les deux animateurs suivent entièrement les deux démarches. Ils sont présents pendant tout le processus. Quand on travaille avec huit personnes, on peut travailler de manière plus personnelle et plus en profondeur. Il y a peu de résistance et plus de temps pour tout le monde. Les résistances augmentent avec le nombre de participants, mais je trouve cela bénéfique, tonifiant même. C'est bien de lutter pour avoir sa part.

Les groupes de seize sont difficiles, les bavures s'accumulent et il n'y a pas assez de temps pour chacun.

Un groupe d'initiation a deux fonctions. D'une part, introduire les participants au mythodrame, et d'autre part permettre aux participants et à l'animateur de voir s'ils peuvent continuer à travailler ensemble. Quelquefois, un participant décide de s'arrêter à la fin d'un premier groupe, et ceci ne pose aucun problème pour personne. Parfois, quelqu'un désire s'arrêter à la moitié d'un stage. Là encore, pas de problème... sauf... s'il semble être dans un état fragile. Tout en respectant son désir de se retirer, je tente de garder un contact, ou de le diriger vers un psychothérapeute. Notre théâtre offre un travail qui ouvre sur l'inconscient. C'est là sont grand intérêt. Mais il peut arriver que des personnes soient éblouies ou terrifiées trop rapidement, et n'arrivent pas à distinguer le réel de l'imaginaire. Je pense qu'elles doivent être écartées de cette forme de groupe jusqu'à ce qu'un certain travail se fasse en elles avec une autre méthode d'approche, probablement plus individuelle. Le problème est de les écarter sans les blesser dans leur narcissime.

Il peut arriver que des problèmes de **contre-transfert** se posent : des stagiaires touchent ce qui est **scotomisé** en moi. Je me réserve, toujours, la possibilité d'attendre un meilleur moment si un stagiaire me présente ce problème. Ceci est rare, parce que je peux généralement travailler ces problèmes en **analyse de contrôle**.

Je veux préciser que je m'occupe d'adultes dits « normaux ». Ce que recherchent ces adultes, c'est l'élargissement de leur conscient et l'établissement d'un dialogue entre ce conscient et l'inconscient personnel et collectif, c'est l'affirmation du *moi* et une prise de conscience de l'**autre** aussi bien que de l'**Autre** lacanien proche du Soi jungien. A côté d'un travail éducatif qui se fait par l'acquisition d'une technique artisanale ou théâtrale, il y a une autre éducation qui consiste à établir la différenciation entre un **passage à l'acte** pulsionnel et l'organisation d'une représentation symbolique consciente et maîtrisée.

Le temps du stage est structuré par une oscillation entre les activités dites « formelles » et les activités dites « informelles ». Le travail informel est tout ce qui se fait *autour* du formel... les pauses pour préparer les repas, les heures libres pour se promener, dormir, discuter, etc. Le travail formel comprend : 1) l'organisation du temps pour la fabrication des masques et des objets symboliques ; 2) l'organisation du temps pour les jeux scéniques ; 3) l'organisation pour le partage du vécu, la nomination analytique.

Les deux premiers jours du séminaire seront occupés par les travaux artisanaux pour enfanter les masques dont le choix du thème est libre. C'est la confrontation avec les matières brutes, matière à transformer, argile, plâtre, papier plié et/ou mâché, toiles et chiffons, coquillages, etc. C'est aussi la rencontre avec les outils, les couteaux, ciseaux, pinceaux, agrafeuses, etc.

La nature même des différentes matières impose deux modes d'exploration, diamétralement opposés. Un mode sensoriel, lié au contact charnel avec des matières comme l'argile par exemple, et un mode plus intellectuel, poursuivant un projet, une conception. Une matière comme le papier plié impose une recherche plus intellectuelle que sensorielle. Ces deux modes de création, pulsion sensorielle ou élaboration intellectuelle, se chevauchent, s'imbriquent l'un dans l'autre et rendent possible la rencontre avec le plaisir, la jouissance, la création, mais aussi les blocages, l'inhibition et les frustrations. En produisant un objet (masque), les stagiaires se donnent à eux-mêmes la certitude qu'ils peuvent agir sur le monde extérieur en situation de sujet. Ils créent un objet personnel, mais cet objet est lié structurellement au groupe. Bien sûr, ils aspirent, narcissiquement, à faire de l'objet qu'ils créent une œuvre exemplaire. Pour qu'ils puissent avancer dans cette aspiration, une recherche en situation de création et une analyse verbale leur permettra d'explorer le décalage qui existe entre ce qu'ils *ont projeté* de faire ce qu'ils *sont assujettis* à faire. Les sujets sont eux-mêmes ignorants de leur créativité latente. Lentement cette créativité sera révélée, se manifestera et prendra souffle. C'est le travail de l'artiste qui par ses actes répétés, crée son œuvre à son image.

Quand les masques sont pratiquement prêts, le lieu théâtral sera préparé. N'importe quel espace intérieur d'une douzaine de mètres de longueur peut convenir à condition qu'un minimum d'aménagement soit prévu. On ne joue pas dans la nature afin de ne pas être diverti et de pouvoir contrôler l'ombre et la lumière. L'espace théâtral sera vide, neutre, on cachera tous les décors qui peuvent distraire ou induire l'imagination en la fixant sur un environnement. On occultera portes et fenêtres pour rendre le lieu obscur, et on installera un simple jeu de lumière scénique à l'aide d'un rhéostat.

Je choisis, de préférence, un espace théâtral structuré à l'italienne, lieu idéal, dans notre contexte de recherche psychologique, idéal pour passer à « l'autre scène » et pour exploiter les possibilités d'étude iconologique de l'espace scénique comme on pourrait le faire d'un tableau. La mise en espace sera faite en fonction de l'œil du spectateur, reproduisant un lieu référentiel et icônique.

L'espace théâtral total est un lieu de confrontation entre les acteurs et les spectateurs, lieu où la circulation de leur désir s'exerce par des intrusions miroitantes **(spéculaires)** d'un lieu dans l'autre. Cet espace théâtral total se divise en trois champs distincts, l'*espace de la scène*, avec toutes les possibilités de tous les espaces imaginaires, l'*espace du public* ou l'*espace spéculaire* (lieu où se fait la réflexion mentale du ça qui était renvoyé par le lieu scénique), et, entre les deux, la *zone médiatisée*, celle où se fait le **chiasme**, l'inversion des signes. Ce qui passera dans le lieu scénique sera comme un miroir réfléchissant une image codée qui peut être comprise et détenue par les spectateurs. Tout d'abord, l'espace scénique (l'espace de la représentation) sera circonscrit, il doit être *une portion délimitée* de l'espace théâtral. Le rapport du vu et du montré, du spéculaire (réflexion) et de la représentation, dépend de la claire définition de la dichotomie « scène » (lieu de représentation, lieu de message) et « salle » (lieu de réception du message).

Cette mise en espace sera la première construction collective, faite par les stagiaires, vers la pratique de « faire du théâtre ». Quand cette construction est terminée, on sera prêt à investir ce lieu avec le corps du groupe.

Généralement, on forme une « **rolde** » (en espagnol, cercle des personnnes) assis sur le lieu scénique pour écouter quelques explications sur la fonction et l'histoire du théâtre. J'explique l'étymologie des mots qu'on emploie. Premièrement, le mot « théâtre » qui est emprunté au latin *theatrum* et au grec *theatron* (enceinte destinée au spectateur) venant du grec *thea*, issu de *thawa* (action de contempler [avec temple] et spectacle) d'ou théatron, lieu où l'on assiste à un spectacle. Je rappelle que la première fonction du théâtre était d'être un lieu consacré au *déroulement* d'une cosmogonie ou d'une théogonie, la theôria, la fête solennelle, le spectacle. Ce *déroulement* faisait d'abord référence aux mythes décrivant la création du monde, la cosmogénèse, par la pensée, la *parole* (le « verbe ») prononcée avec le souffle et par la bouche d'un dieu. C'est par sa *parole* qu'il donne *rôle* aux protagonistes principaux d'une cosmogonie relatant l'agonie (lutte) permanente entre l'émergence du Cosmos (ordre) et la régression au chaos (absence d'ordre). Parmi les premiers représentants de cette agonie, on verra celui qui a le *rôle* solaire, la boule lumineuse qui *roule* dans les cieux et les temps circulaires et qui va agoniser avec celui qui a le *rôle* de l'esprit ténébreux, ennemi « ombrant » et qui, successivement, vaïncra, puis sera vaincu.

A partir d'une étymologie plus populaire, on peut entendre, aussi dans le mot théâtre deux mots : « *thea* » et « *atre* » ; le grec « the » ou « theo », racine pour Dieu, et « thea » pour Déesse ; puis « atre », venant du grec *ostïkon*, la coquille de brique utilisée pour daller la cheminée où on fait le feu, donnant en latin *ater, atra, atrum*, (au sens propre, noir) par extension, l'âtre, le fourneau alchimique, le lieu de transformation de l'archétypale terre noire (prima matrix) en la naissance de la lumière (l'or). Autrement dit, la transformation de l'ordure en or dur. Cette interprétation de l'étymologie populaire me permet d'exposer le projet de recherche théâtrale que je propose. La fonction de notre théâtre sera d'être un lieu de transformation, pour l'acteur et pour les spectateurs, lieu où s'incarnera le « théôrama », concept de Platon pour nommer un objet d'étude ou de contemplation de l'esprit. Il sera le lieu non seulement de transformation artistique, mais surtout de transformation psychique.

Ensuite, mon rôle d'initiatrice s'exercera en abordant les premières notions de « permissions » et de « contraintes ». Les contraintes seront présentées comme des *sacrifices* (castrations symboliques) nécessaires au sérieux et au rituel du processus.

La première contrainte (sacrifice) imposée sera de se priver expressément, dans ce lieu théâtral, de toute gratification orale, à l'exception de la parole ; rien à manger, rien à boire, ni à fumer, pas de nourriture réelle pour que, dans ce lieu de *sparagmos* (division), et d'*omophagie* (jonction), on favorise la consommation d'une nourriture essentielle, symbolique, imaginaire et, éventuellement, imaginale. Les objets de notre consommation seront le corps morcelé *(sparagmos)* de membres de notre corps groupal qui acceptent, pendant les jeux, et pendant l'évaluation verbale des jeux, de devenir protagonistes et antagonistes (ceux qui agonisent : *agon* est le mot grec pour lutte). Cette agonie sera offerte comme nourriture (corps à être mangé, *sparagmos*) sur la scène (céne... table... autel), donnant forme aux images et aux icônes qui seront incorporées par les yeux (dévorants) du public.

La deuxième contrainte permet en fait beaucoup de liberté. Dans les jeux, tout sera permis *si* l'expression reste symbolique... tout sera permis *sauf* le « *passage à l'acte* ». Tout sera permis et sollicité, la « scène » et l'« obstacle », le dépassement de tous les tabous, la représentation de nos fantasmes et nos phantasmes les plus inavouables. On sera invité à aimer et à haïr, à réaliser la *représentation* de l'inceste, du meutre, du patricide, ou du matricide, et de l'infanticide, mais aussi, à enfanter, s'enfanter, mourir et renaître, à jouer le rôle du fou, du démon, du bouffon, du clown, et aussi du roi, de l'ange, du daïmon, du dieu, de la déesse, de l'animal, de l'esprit, de la montagne, de la mer, etc. La tâche sera d'apprendre comment exprimer tous ces différents états par la symbolique de l'image et du geste, par le « **comme si** », non seulement intellectuellement, mais mus de l'intérieur par nos sentiments profonds... et... de les différencier de nos pulsions émotionnelles qui nous possèdent et nous engouffrent dans les passages à l'acte.

Il arrive d'avoir des moments d'extrême violence, des montées réelles d'adrénaline, qui témoignent d'une émotion authentique véhiculée sur la scène ou pendant la **nomination**. Ces états sont inévitables. Il faut en passer par là. Je n'ai jamais eu de véritable accident corporel dans un groupe. Je l'attribue à la mise en place d'une vigilance partagée et assumée par tout le monde. Si l'un de nous est possédé, c'est-à-dire joué par son émotion réellement présente, au lieu d'être représentée ou jouée réellement, tous les autres acteurs et spectateurs veillent sur lui jusqu'à ce qu'il retourne à un état rationnel. Quand deux acteurs se précipitent par « *feed-back* » dans une telle situation, quelqu'un dans l'assistance réclamera un retour à l'ordre. Généralement c'est moi-même qui réclame cette mise en ordre, mais ce peut être n'importe quelle autre personne, surtout si je suis, moi-même, en train de jouer. Si l'ordre n'est pas rétabli, on arrête le jeu et on laisse se vider la situation dans un échange verbal. C'est seulement en respectant la règle concernant le *passage à l'acte* qu'un travail bénéfique et constructif peut se construire dans la sécurité. Mais qu'est ce que le *passage à l'acte* ?

Dans ce contexte, n'importe quel acte peut échapper à notre contrôle conscient, mais spécialement les actes qui peuvent blesser ou qu'on fait à l'*autre* sans avoir sa complicité ou son consentement conscient. Pour moi, la notion de l'*autre* s'élargit pour inclure les choses et les lieux. Chaque fois qu'un être, une chose ou un lieu est dégradé, abîmé ou qu'il subit une détérioration de son état actuel, ceci sera considéré (dans le travail que je propose) comme un *passage à l'acte*. Lorsqu'une pulsion devient trop violente, la représentation a cessé et l'émotion réelle est présente, envoûtant et possédant l'acteur. Il ne prend plus de distance...

Pendant les jeux, le *passage à l'acte* violent doit être arrêté avant la montée de la violence, la destruction et la perte totale de contrôle. A l'opposé, il y a le *passage à l'acte* de nature érotique qui inclut tous les attouchements de tendresse, de plaisir, de curiosité, accompagnés d'un affect réellement présent. Ceux-là reçoivent moins de censure pendant le jeu, parce qu'ils ne sont pas dangereux, ici et maintenant. Mais dans la nomination c'est important qu'ils soient repérés et nommés pour ce qu'ils sont véritablement.

Les *passages à l'acte* comportent des manifestations très subtiles mais qui, finalement, détruisent le jeu. Ils dégradent la « chose-jeu ». Il peut y avoir des séductions et des captations, des subtilisations et des fuites (dues à un acteur qui brise le jeu, ou les contraintes physiques d'un acteur sur un autre, obligeant le deuxième à changer son jeu, contre sa propre volonté. Il peut y avoir aussi des dommages sur les vêtements, les attributs ou les masques. Par exemple, une fille arrache le masque de son partenaire, le déchire, puis le piétine avec rage. Rappelée à l'ordre de la règle, elle continue sa colère en parlant. Il y a aussi le vol d'un attribut appartenant à un acteur, attribut nécessaire pour la réalisation de son projet, mais avec sa disparition le projet devient irréalisable, donc son « chose-jeu » est détruit. Il y aura ceux qui s'obstinent à cacher avec leur corps le jeu d'un autre, parce qu'ils ne supportent pas que le discours de celui-ci soit reçu. On peut voir un acteur qui se frappe lui-même ou qui arrive à la limite de ses capacités respiratoires. Il existe, aussi, des actes prémédités. Par exemple, une jeune femme m'a demandé la permission de faire un passage à l'acte. Je ne l'ai pas questionnée sur son projet et j'ai répondu « oui », si elle le faisait toute seule et si elle assumait entièrement la responsabilité de son acte. Devant un public consterné elle a, très calmement et avec cérémonie, coupé ses magnifiques cheveux. Cet acte, apparemment mutilant, était vu par elle comme le *vrai* sacrifice concernant la séduction et nécessaire pour son évolution.

Ce qui surgit dans le *passage à l'acte* permet l'exploration par la nomination immédiate de l'affect réel. Il ne peut pas être éliminé radicalement des jeux, et avec chaque émergence il présente une matière précieuse à analyser. Seulement il faut l'apprivoiser et éviter de faire un travail oblitéré par lui.

Beaucoup de stagiaires disent qu'ils n'ont pas la sensation d'avoir joué, sauf si l'affect est présent. Je leur réponds toujours avec les paroles d'un ami acteur, Jean Turpin : « Les soirs où je suis réellement ému et que je pleure dans mon rôle, mon public ne pleure pas. Mais quand je n'ai pas de vraies larmes, mon public pleure réellement. » J'ai souvent vérifié cette expérience sur scène en tant qu'acteur et en analysant les techniques d'un jeu qui produit une forte réaction affective sur le public. Plus l'acteur est possédé par sa propre émotion, moins il est au service de l'émotion de son public. C'est seulement quand il peut prendre une certaine distance avec ses affects (présents) qu'il peut émouvoir son public par son sentiment et sa représentation.

Le *geste* meurtrier dans toute sa violence est permis, mais on ne doit pas toucher l'autre acteur. On doit frapper à côté. La tâche sera de rechercher le simulacre. Si l'on est maître du simulacre, on est maître du jeu et *on joue en sujet*. Si, et quand, il y a passage à l'acte, on est possédé par une émotion (mouvement intérieur)... *on ne joue plus... on est joué.. on n'est plus sujet, mais on devient objet, possédé, fusionné avec sa pulsion.*

Après l'explication de ces deux contraintes de base, nous voilà prêts pour investir la scène avec nous-mêmes et nos jeux. Mais encore une pause pour méditer sur les mots, et, cette fois, pour comprendre le mot « scène ». Je rappelle que le latin nous donne « *scena* » et le grec donne « skene » : 1) partie du théâtre où jouent les acteurs, 2) l'action même qui fait le sujet, 3) l'ensemble des objets qui s'offrent à la vision. Scène... céne... la table où le repas (le corps du dieu) sera pris... l'autel où le corps sera offert pour le *sparagmos* (division, morcellement) qui doit précéder l'*omophagie* (incorporation, acte de manger). Quand le protagoniste (premier acteur) prendra son courage pour se placer sur cette table qui est la scène, il sera le premier à *agoniser* devant les yeux incorporants (omophabie) des spectateurs. En montant sur scène, on pénètre dans le vif du problème : avoir quelque chose à montrer (en étant sujet), et l'acceptation de s'exposer, d'être incorporé par le regard de l'autre (devenir l'objet du spectateur).

> « *Lors de la création, Dieu avec son souffle a animé ses créatures auparavant inertes.* »

C'est en (re)mémoration des phases de la respiration créatrice, (l'expiration et l'inspiration... celle de l'involution et celle de l'évolution... l'une qui est manifestation, et l'autre qui est résorption) qu'on investit, maintenant, la scène avec les masques qu'on a créés. Aucun de ces masques ne peut être utilisé par le groupe avant que son créateur ne l'ait animé pour le groupe. Ce jeu, rituel d'animation (de souffler dedans), et acte de présentation (rendre présent), ne dure que quelques instants, mais pour le stagiaire qui prend sa place sur scène pour la première fois, ces quelques instants sont souvent une véritable agonie. C'est la rencontre avec le trac ; on ne sait pas quoi faire ; l'espace est terriblement vide et oppressant. Là, tout seul, l'acteur novice est exposé aux yeux des spectateurs, qui vont projeter sur lui une avidité nourrie de leurs propres appréhensions, parce qu'ils savent qu'ils seront bientôt, eux-mêmes, l'objet de ce même regard. Envahi par le trac, on transpire, et le cœur bat violemment ; les jambes tremblent ; la respiration est troublée ; puis on est saisi par le désir de se dérober le plus vite possible. Ensuite, c'est fini. Une à trois minutes ont passé, qui ont semblé une éternité. La lumière s'éteint et l'acteur est invité à s'asseoir face au public et à exprimer verbalement tout ce qu'il a vécu, s'il a eu un projet de jeu, et en quoi il a été détourné de ce projet par un imprévu (pulsion venant de l'intérieur de lui-même ou, imprévue, arrivant sur scène amenée par un autre acteur) ; en quoi il a eu du plaisir et en quoi il a vécu une frustration.

Ceci est le commencement du travail important de la nomination. Le sujet raconte ce qui s'est passé pour lui. C'est le travail du langage, qui suit le travail du corps, la parole du verbe qui suit le « par-rôle » du jeu corporel, le *encore* (verbal) qui suit « l'en-corps (gestant). Le jeu était le plaisir ou l'agonie du corps, la narration de ce vécu sera l'encore de ce « en-corps » (plaisir), ou le pas encore « en-corps » (agonie), la parole de ce par-rôle.

Par exemple, en ce qui concerne les symptômes corporels du trac, la description, la désignation de cet état, après chaque vécu, peut aider l'individu à l'accepter et à le supporter au lieu de le fuir. En répétant l'expérience, le trac peut disparaître, laissant place au plaisir de se sentir bien dans sa peau. Mais on n'est jamais entièrement libéré du trac. Mon expérience personnelle m'amène à considérer le trac comme un des signes du refoulement. Il me semble que le trac resurgira chaque fois qu'un quelque chose de refoulé est frôlé.

Ayant rarement le trac en ce qui me concerne, chaque fois que s'annonce la résurgence de cet état, je me demande « pourquoi ? ». Les symptômes m'aident à reconnaître une montée de refoulé en moi-même. Presque toujours on est près d'un passage à l'acte, près d'être envahi par des affects. Le trac est, en ces moments, un masque qui cache (mais peut-être révélant) quelque chose. Souvent en parlant, en nommant tous les phénomènes de ce trac, celui-ci s'écarte et il est possible de cerner une partie du « ça » qu'il masquait.

Cette nomination des actes et des vécus implique une distance : le mot nomme et représente la chose et la place imaginairement à ma disposition. Par l'acte de nomination, je fais exister à l'extérieur de moi l'Autre, et je me fais exister moi-même. Mes nominations vont être révélateurs, non seulement des objets décrits, mais aussi de moi-même.

Pour le situer avec son importance, cette phase du processus s'appelle le *travail adamique*. Dans la Genèse, le Seigneur Dieu amena devant Adam toute la création, pour qu'Adam la nomme. Quand l'Adam (en moi) cherche l'adéquation entre l'objet et son nom, je me vois associée à l'œuvre de création. De la réception passive de l'image vue ou perçue, suivie par la reconnaissance active du connu, le petit être que je suis va connaître et renaître, avec chaque nomination, en conjonction avec l'Être. Après l'*agir* du jeu on passe au *dire* du jeu, au « *paroli* », qui est le double de ce qu'on a joué la première fois. Donner, faire ou rendre le paroli à quelqu'un, c'est renchérir (aller plus loin encore, en action de « rejeu » ou en paroles) sur ce qu'il a fait ou dit. Le *paroli* est donné aux acteurs dans la chronologie de leur entrée en scène, pendant le jeu, pour qu'ils puissent aller plus loin. Ce temps du *paroli* est, pour moi, le temps le plus important de tous le processus.

Celui qui était acteur, qui a agi sur scène est, maintenant, à la recherche de son expérience, de la nomination de l'affect, à la recherche du mot adéquat qui le dévoile. Il fera son auto-évaluation et son autocritique. Pendant son *paroli*, le public (la partie du groupe qui n'a pas joué) se tait. Ce public est dans le rôle de « faire réception au *paroli* », d'être témoin conscient et de le vivre par une écoute silencieuse. *Après* que les acteurs aient tout dit, le public silencieux sera invité à changer de rôle et à parler, à s'exprimer sur son vécu, en tant que récepteur des jeux et du *paroli*. Les spectateurs vont dire en quoi ils ont éprouvé du plaisir ou de la frustration, en quoi ils se sont sentis impliqués personnellement. C'est ici qu'apparaîtra la troisième contrainte. *Personne n'a le droit de faire des interprétations sur les jeux, ou sur les paroles des autres*. Tous peuvent tout exprimer en acceptant la formule : « C'était *ma pro-*

jection de croire que... » ou « C'est *mon association* que... » De cette façon, chacun assume le fait de parler en son nom, et peut expliquer ce qu'un jeu a évoqué en lui, sans enfermer son interlocuteur dans une interprétation sauvage. Quand tout le monde s'est exprimé, les acteurs reprennent leur place et leur rôle de spectateur dans le public, et on attend le commencement d'un jeu nouveau.

Les personnes jouant pour la première fois révèlent toujours un langage méconnu d'elles-mêmes. Rapidement, il y aura émergence massive des fantasmes inconscients, prenant les formes de contes et de mythes qui permettent à l'initiateur analyste d'observer comment l'acteur (sujet masqué jouant, ou sujet démasqué parlant) est, ou non, structuré.

Dans les premiers jeux, on verra des acteurs qui ne peuvent pas occuper le fond de la scène. Ils restent près du public comme s'ils ne pouvaient se détacher de ce public (matrice-mère). C'est comme s'ils sentaient intuitivement qu'étant près des spectateurs, ils fusionneraient avec eux, donc seraient moins visibles. Avec l'expérience, ils apprendront à se détacher du public et à créer la distance. C'est à dire qu'ils deviennent capables de supporter cette distance, et en même temps d'être bien visibles.

Un autre comportement de l'acteur novice sera de jouer *avec* le public au lieu de jouer *pour* le public. Dans nos jeux, quand quelqu'un est protagoniste, sa fonction sera de féconder un antagoniste. C'est à dire que par son jeu, il espère donner à un autre membre du groupe (qui est dans le public) le désir de jouer avec lui. Son propre désir est sincère, mais il ne sait pas encore (en-corps) comment encourager l'autre à le rejoindre. Souvent, il commence un jeu d'appel vers le public. Jouant ainsi avec le public, il l'englobe dans son jeu, sans que le public le désire, sans que personne n'ait quitté sa place, ni ait désiré réellement jouer. Peu à peu, cette situation évoluera jusqu'à ce que l'acteur apprenne à créer un jeu *pour* le public, restant lui-même distinct et différencié. Dans le premier cas, l'acteur ne possède pas encore les moyens de jouer en « solitude » (*sol*, c'est le soleil ; accepter la solitude, c'est accepter d'être seul et unique, accepter d'être en « soleiltude », en sujet). C'est seulement quand l'acteur arrive à jouer en tant que sujet (en solitude comme un soleil), qu'il va réellement féconder un autre sujet qui aura le désir de venir co-exister et co-jouer en situation de création (jeu). Ce sont ces impossibilités d'exister qui seront les matériaux à analyser. A travers les jeux, suivis par les nominations, les stagiaires vont découvrir comment ils « phagocitent » constamment l'autre, n'ayant pas encore les moyens d'imposer le « ça » qu'ils veulent dire. Ils ne peuvent jamais représenter le « ça », qui n'est pas encore présent. Ce sera à travers le double processus de jeu... nomination... rejeu... renomination, etc., qu'ils vont rendre présentes les images qu'ils portent en eux, et à partir de ces images, ils vont découvrir comment les représenter, leur donner forme (corps), premièrement pour eux-mêmes, et finalement pour être communiqués aux autres. Les premiers jeux sont narcissiques, et il faut respecter cette étape, qui peut durer longtemps... mais le désir de communiquer avec les autres va naître et va les sortir de leur enfermement narcissique.

La preuve que l'acteur a vraiment communiqué son projet viendra du public. Son vécu va le confirmer ou non. Dans les premiers temps, l'acteur novice a souvent l'illusion d'avoir communiqué. Il sera tout surpris d'entendre que le public n'a rien reçu de ce qu'il a voulu montrer. Il est confondu dans son imaginaire, qu'il sent et porte en lui... mais il ne sait pas encore comment construire des gestes pour extérioriser cet imaginaire en images. C'est seulement quand il sera capable de rendre les images, de son imaginaire, visibles et sensibles au public, que le partage peut commencer, soit avec les autres acteurs qui participent à son jeu, soit avec le public.

Finalement, il maîtrisera la notion de chiasma (croisement) scénique. L'acteur ne joue plus pour lui-même, ou très peu. Maintenant, il joue entièrement pour le public. Il fera don de son jeu. Il deviendra comme un filtre à travers lequel passera un monde essentiel et imaginal enrobé dans les images existentielles symbolisées.

Face à l'assistance, sa vraie droite sera à la gauche de la vision du public. Il ne jouera plus en fonction de sa droite et de sa gauche, mais en fonction de celle du public. Il est devenu tellement maître de lui-même dans ses actes qu'il peut se servir de son monde imaginal. En même temps, donner de l'importance à l'imaginal virtuel de l'autre, du public. Il jouera pour l'autre qui est en face de lui. Il quitte un relatif enfermement autistique, narcissique, fusionnel, pour devenir, de son plein gré, le dieu qui s'est offert pour qu'on l'incorpore. Il incarne pour nous une passion cosmique. Mais avant d'en arriver là, il passera par des passions personnelles, avec toutes les joies et les souffrances qui l'accompagnent tout au long de son chemin d'initiation.

Progressivement, ces jeux se prolongent dans le temps. Les premiers durent quelques minutes, avec un ou plusieurs joueurs, puis, au fur et à mesure que l'apprenti acteur devient capable de soutenir et de faire évoluer son jeu, ils se prolongent dans le temps. Quelquefois un jeu peut durer une bonne heure, permettant la construction de situations et de relations entre de nombreux acteurs, de personnages et d'imaginaires. Tout le monde peut jouer... sauf *un*... Parce qu'un jeu est une écriture, émise pour être lue, émise pour être vue, il faut, au moins, un témoin. Il faut, formellement, qu'il y ait, toujours, un public.

Ces jeux sont toujours improvisés ; aucun n'est dirigé de l'extérieur. La plupart des jeux commencent à partir d'une pulsion. On peut élaborer son propre projet à l'avance, mais je déconseille la préconcertation de deux joueurs sur un même projet de jeu, parce que ce serait faire une mise en scène consciente qui desservirait le projet initial de faire parler l'inconscient. Ces jeux sont représentés, puis nommés pour une écoute analytique groupale. Ce n'est pas la situation privilégiée à deux d'analysant-analyste ; cependant le processus comporte analogiquement les différentes dimensions d'un travail analytique : la représentation, la nomination et la compréhension, ainsi qu'une relation de transfert avec l'initiateur. Le processus se déroule de manière fluctuante entre la projection des images et la recherche des mots recouvrant les affects que ces images ont produits. Aucun projet de jeu n'est imposé. C'est le sujet qui propose son jeu en jouant. Ce qui est suivi dans l'écoute, c'est le jeu et la parole qui viennent de la personne (acteur). Si le processus a une finalité, c'est l'acquisition, par le sujet, d'une nouvelle relation entre le conscient et l'inconscient, lui permettant progressivement une réorganisation et une réorientation sur une nouvelle trajectoire.

La vision globale des trois phases du travail, qui se déroulent l'une après l'autre, serait ceci :

1. Création des masques et autres objets symboliques (travail manuel et artistique).

2. Création des jeux théâtraux reposant sur le geste, et création des images.

(Recherche corporelle et exploration de l'imaginaire.)

3. Travail adamique de nomination.

(Élaboration et **perlaboration** intellectuelle des deux phases précédentes.)

C'est un processus multiple, capable de révéler la complexité de l'inconscient-conscient, individuel et collectif.

L'espace et le temps du processus formel sont rigoureusement structurés, et forment un ensemble qui va permettre aux participants d'explorer tous les rôles qu'ils désirent vivre dans un cadre sécurisant. Il faut créer un lieu privilégié si on veut permettre aux jeux de se révéler. Un lieu, et une relation sécurisante... mais non complaisante... de préférence un lieu qui se trouve hors des habitudes quotidiennes, lieu qui permet de se couper de l'agitation névrotique de l'entourage quotidien. Le contact se fait entre l'initiateur et l'initiant grâce à la production imaginaire qui est le jeu, suivi immédiatement par le verbe qui le dit, grâce à ces images qui sont manifestes, partagées. L'initiant expérimente sa difficulté à se livrer par le jeu et/ou par le verbe, à se révéler à l'écoute de soi-même, à l'écoute du regard des autres, à l'écoute du regard de l'animateur-initiateur. L'exploration des rôles se fait sur les deux côtés de la scène, en passant d'un espace théâtral à l'autre. Les participants changent de fonction, passant souvent et rapidement du spectateur à l'acteur, de l'acteur au spectateur. Ces différents rôles, avec leurs différentes fonctions, nécessitent des changements entre les états non verbaux prédominants dans les jeux, les états silencieux de l'assistance pendant le paroli, l'état de prise de parole « par-rôle » (l'un après l'autre, à tour de rôle). Ainsi on arrive à exprimer sa propre implication projetée sur la projection de l'autre, à parler aussi en tant qu'acteur potentiel vivant une autre interprétation du jeu ou comme metteur en scène potentiel ayant une autre vision de tel ou tel aspect du jeu. Tous ces rôles, avec leurs états correspondants, et maints autres, seront vécus et expérimentés, simultanément et/ou à tour de rôle dans ce laboratoire psycho-physique que notre théâtre propose... où le spectacle doit servir le spéculaire, c'est-à-dire la réflexion psychologique.

Souvent pendant un stage un thème va émerger et devenir le sujet pour un groupe futur. On peut avoir une chaîne de thèmes se déroulant sur plusieurs années de rencontres. Comme, par exemple, l'enchaînement suivant qui a débuté en 1977 :

Cet Autre qui n'est pas moi, suivi par
Cet Autre qui est moi, qui s'est prolongé dans
Le Narcissisme, avec encore un prolongement dans
L'Ogre et l'Enfant Héros, suivi par
Le Cannibalisme, qui trouvera son aboutissement dans
Le Sacrifice

Vu de l'intérieur, un fil rouge court d'un thème à l'autre, et il s'agit en fait d'un travail à travers un labyrinthe initiatique, où on bute puis on découvre.

Certains participants suivent trois stages dans une année, et ils se font des amitiés de travail et de réflexion, retrouvant d'anciens partenaires de jeux, d'anciens rivaux et d'anciennes amours ; entre deux stages (de quatre à six mois) les projections ont bougé, les transferts sont tombés. Les stagiaires apprennent à analyser ces phénomènes ensemble. De stage en stage, ils retrouvent leur relation avec moi, ou avec un autre animateur ; relation qui passe par maints mouvements de progression, résistance, régression, et ainsi de suite.

Un dernier mot sur la directivité et la non-directivité méthodologique. Le processus s'ordonne et se déroule dans un ensemble précis de structures matérielles, théoriques et techniques. Il y a le paradoxe de la directivité, de la structuration serrée du temps, de l'espace et du rituel dans le déroulement, en même temps qu'une non-directivité intentionnelle concernant les créations des masques et des jeux. Là, l'initiateur *s'oblige* à ne rien faire, à ne rien dire avant le jeu, et avant le paroli. L'initiateur *se doit* d'être passif, silencieux ; il crée un vide, une attente, jusqu'à ce que quelqu'un déborde ce silence, ce vide qui frustre le sujet, jusqu'à ce qu'il accède à une pulsion et qu'il l'organise dans la production d'une improvisation, qui sera suivie d'une parole.

Ayant donné ici une vision globale, je reviendrai dans les chapitres qui suivent sur certains sujets déjà évoqués, pour les reprendre, les uns après les autres, soit pour les préciser, soit pour y ajouter des associations culturelles, soit pour formuler quelques hypothèses ou pour m'exprimer en décrivant mon implication personnelle concernant cette méthode de travail qui est la mienne, méthode que je crois être une redécouverte... redécouverte qui me dépasse et qui m'étonne.

La création de l'objet symbolique

« Il y a cette belle strophe finale d'un hymne du Ginza :
Je viens à la rencontre de mon image...
et mon image vient à ma rencontre...
Elle me parle affectueusement et m'embrasse...
A mon retour de captivité... »

Henry Corbin
En Islam Iranien, tome II
Éditions Gallimard

C'est expressément que je vise à un enseignement (« en - signe - ment ») qui repose sur les signes. Pris un à un, ces signes ne signifient rien. C'est pourquoi j'essaye consciemment de les interposer, de les tisser dans un travail pratique où, assemblés là, ils puissent inciter le stagiaire à les interroger. Chez ceux qui les perçoivent, ils peuvent devenir indéfiniment suggestifs, ouvrant la communication entre l'inconscient et la participation mentale active et consciente.

En commençant les travaux artisanaux, j'aurai recours expressément à deux signes. Assis en *rolde* (en espagnol « cercle de personnes »), les participants se trouvent avec une *sphère d'argile rouge* devant eux.

Le premier signe est ce *cercle de personnes*, ce « *rolde* » qui anticipe le « tour de rôle » des jeux futurs. *Rolde* et rôle ont une même origine étymologique, venant du latin *rota* pour roue et de *rotulus* qui veut dire parchemin (par chemin) document contenant des paroles (« par-roles »)[1]. Tout groupe que j'initie, commence en « rolde » et se termine en « rolde » parce qu'un cercle est une source de confort et donne des forces. Il y a absence de distinction. Dans un cercle, personne n'est premier et personne n'est dernier. C'est le deuxième symbole fondamental. Le premier est le *Centre*. Ce cercle nous apporte un signe d'unité et d'harmonie et c'est une image du Soi.

Notre *deuxième signe* est la *sphère d'argile rouge*. La *sphère* est ce qui va se gonfler, et qui est présent dès le début de la

1. Dictionnaire Etymologique, P.U.F.

manifestation, à ne pas confondre avec le *globe* qui, lui, va se condenser jusqu'à la fin de la manifestation[2]. L'androgyne originel était conçu comme sphérique de même que dans Platon, l'homme originel est décrit comme bisexuel et sphérique avant la division des sexes.

Notre sphère est faite d'*argile rouge*, qui sera la première matière brute que le stagiaire va rencontrer. C'est de l'argile rouge dont on dit qu'Adam était façonné. « Adam » veut dire terre rouge. C'est par ce signe d'argile que le premier lien symbolique sera *jeté*, pour lier le participant avec la création, avec le procréateur.

Donc, assis en *rolde* avec leur *sphère d'argile rouge* devant eux, les stagiaires seront invités à fermer les yeux et, pendant une demi-heure, ils sculpteront un masque sans aucun autre outillage que leurs mains. Après l'écoulement de ce temps, ils m'entendront dire : « N'ouvrez pas encore vos yeux... mais arrêtez de toucher votre travail. Maintenant, avec votre vision intérieure, regardez-le, formez une image de la façon dont vous le sentez intérieurement. Voyez-le bien, et fixez cette image dans votre mémoire. Maintenant, ouvrez les yeux et comparez votre nouvelle vision avec celle de l'image intérieure. »

Le moment, où les stagiaires ouvrent les yeux est très émouvant. Il se peut que quelqu'un crie « Ah ! C'est mon père ! » En ce moment de reconnaissance avec leur création, ils peuvent être étonnés par une ressemblance avec un être qui leur est proche. Il y a ceux qui pleurent et ceux qui rient, mais personne n'est indifférent. Je laisse quelques instants durant lesquels ils prennent connaissance de ce surprenant personnage qui a pris forme entre leurs mains. C'est par cette démarche que je les initie, pour la première fois, aux notions d'image interne et d'image externe, notions qui vont reparaître constamment, tout au long du processus.

Puis, tout de suite, et à tour de rôle, chacun présentera au groupe ce qu'il a sculpté.

Il *montrera* aux autres et *parlera* de tout ce qui s'est passé en lui depuis qu'il a fermé, puis réouvert les yeux. Chacun

2. P. Delabarre, L'alphabet cosmique. Éd. Hélios.

raconte son histoire vécue de la mise au monde de cet objet-créé.

Certaines personnes ont de réelles difficultés à créer un masque : la tête est mal formée ou mal proportionnée, les yeux, le nez, la bouche ou les oreilles sont absents ou disproportionnés ou disloqués, témoignant de troubles du **schéma corporel** ou de la valeur que l'individu attribue aux diverses parties de son visage.

Pour beaucoup, c'est le premier contact avec l'argile, et la nature même de cette matière peut déclencher des émotions violentes. « C'est un matériau qui contient des ressources projectives infinies, permettant l'émergence rapide et massive de fantasmes, exprimant des pulsions et des conflits réprimés. »[3] Ce premier contact avec la terre, vécu uniquement par le toucher, met au premier plan de la création les représentations inconscientes de cette partie importante du corps qu'est le visage.

Pendant cette première demi-heure, quand les stagiaires sculptent les yeux fermés, nous seuls, les animateurs, avons les yeux ouverts. Nous sommes les témoins silencieux de la concentration intense de chacun ; concentration accompagnée de mouvements presque imperceptibles dans leur corps et dans leur visage, exprimant les préoccupations enfouies en chacun. Le visage entier se met en jeu ; et un micro-drame personnel et secret se déroule en étroite relation avec les mains qui, elles, déploient un éventail de messages ; il y a ceux qui procèdent par apports successifs, qui ajoutent, qui enlèvent, qui procèdent par soustraction, par entailles ; ceux qui caressent avec des palpitations hédonistes ; ceux qui mordent sur la masse ou saccagent les pleins. Cette argile offre à leurs mains sa masse de corps plastique humide, et *totalement passive*, matière réceptrice de projections, matière même provocatrice de projections malgré son inertie, chose devenant lieu et contenant des confrontations symboliques de leur **éros**, de leur **thanatos**.

Généralement, le produit de cette première rencontre, cette première ébauche, est un objet portant les traces d'une sponta-

---

3. Guy Lafarque « Céramique vivante », in Thérapie psychomotrice 43, 1979.

néité, d'un non-calculé, et c'est cela son plus grand intérêt. Mon souci, à ce point, est de protéger les stagiaires contre leurs désirs conscients d'une finition esthétique. Je leur propose de conserver cette ébauche sans retouche, comme pièce témoin de leur point de départ. On prépare donc ces ébauches pour être moulées dans une coque en plâtre, puis, à partir de ces moules, on exécute, par papiétage[4], un masque qui reproduit fidèlement la sculpture initiale. Ce seront ces masques qui serviront pour les premières expériences théâtrales.

Immédiatement après cette première rencontre avec l'argile, je juxtapose la rencontre avec une autre matière, ayant des qualités opposées à celles de la terre. C'est le papier canson, matière ingrate pour le débutant. Ces masques en papier et carton sont de courte vie, mais ils ont l'avantage de pouvoir être fabriqués partout, sans installation compliquée. C'est la spontanéité qui prime quand le travail est fait rapidement avec des matériaux éphémères. Le choix des matières n'entraîne pas les mêmes processus, l'argile est souvent vécu dans les premières rencontres de façon pulsionnelle ; le papier, par contre, fait appel à la pensée. Le papier plié présente l'obligation de se soumettre à *ses* règles. Pour créer avec le papier, on bute sur les règles, les lois, même la *Loi*. Les lois sont révélées par les matériaux utilisés. Cette sculpture en papier est étroitement liée aux mathématiques, faisant appel au cylindre, cône, cube, etc., que l'on assemble par juxtaposition, imbrication, superposition, en utilisant les principes décoratifs de répétition, d'alternance et de rayonnement. Partant d'une feuille de papier, on réalise la représentation d'une image ayant des plans souples, qui peuvent être galbés, pliés, à angles vifs, les feuilles à deux dimensions peuvent, grâce à la réflexion, devenir des volumes en trois dimensions.

Il y a des masques créés très rapidement. Un tel objet est fabriqué sur une impulsion s'exprimant souvent après un travail sur un autre masque, lequel a sollicité beaucoup de peine et d'investissement. Le mode de création, rapide et pulsionnel ou longuement élaboré, est signifiant. Tout masque est **signi-**

4. Voir chapitre sur les techniques.

fiant d'un **signifié**, même ceux qui ont une courte existence, facile à faire, facile à détruire et à abandonner.

Diverses techniques seront présentées au cours d'autres stages, techniques qui permettent l'exact relevé des détails de notre propre visage, et donnent la possibilité d'explorer les thèmes du **Narcissisme, Idéal de Moi, Moi-Idéal**. Cet Autre qui est en Moi, etc. ; thèmes qui peuvent être présentés sous ces titres pour une clientèle psychologiquement initiée ; or, pour les non-avertis, on utilise une présentation plus populaire (par ex. : l'Ogre et l'Enfant Héros), afin de permettre aux *identifications héroïques* de se faire sans référence, à haute voix, aux terminologies psychologiques. Au cours de ces travaux, on voit une blessure ou une déformation (réelle ou fantasmatique) apparaître dans le masque et suivre une évolution vers soit l'acceptation, soit la réparation.

C'est impressionnant et souvent envoûtant de se voir sur scène, de voir son visage porté par d'autres acteurs, de voir les masques ayant sa propre ossature, les *moi-jeune* ou *âgé, moi-avare, moi-enfant, moi-triste, moi-en colère, moi-en séduction,* etc. Mais avant que je puisse me voir dans ces masques qui représentent un aspect de moi sur scène, il faut que je les ai conçus, que je les ai créés. Puis un jour, dans un stage sur le Narcissisme, il se peut que tous les *moi-masques* d'une seule personne soient assemblés sur scène, portés par les autres acteurs, qui auront chacun quelque chose à dire au créateur de ces « moi-masques », lequel peut se regarder à travers cette représentation de lui-même avec beaucoup d'émotion. Il devient, en ce moment, spectateur de ses *moi-objets* dans ce grand jeux spéculaire qui est le miroir des projections combinées du groupe.

Les techniques de bandes plâtrées (voir « techniques »), qui permettent la reproduction fidèle de notre propre visage, nous ouvrent à une méditation sur nous-mêmes. Pendant un temps la fascination pour soi-même semble sans fin, puis elle s'estompe, et l'énergie investie devient disponible pour aborder d'autres complexes. Je me pose beaucoup de questions sur les mouvements psychiques activés par ce miroir qui n'en est pas un. Le sujet se voit agissant en dehors de lui-même, pas dans un miroir réel, mais dans un jeu qui véhicule sa propre image spéculaire.

D'où vient cette soif et ce plaisir de se voir, et pourquoi s'estompe-t-il tout naturellement, mais jamais complètement, comme si quelque chose concernant l'identité était achevé, unifié, soit différentié, soit démystifié, soit démythifié ? De temps en temps, un stagiaire qui vit une résistance à se regarder dans un miroir réel prend un grand intérêt à se voir avec sa propre image spéculaire (en masque) dans un jeu ; puis un jour, sa relation avec un miroir réel change, la résistance à se regarder semble s'être modifiée.

Une autre approche, que nous appelons « peler l'oignon », fait référence à une technique spirituelle orientale qui vise à l'enlèvement des couches successives de la perception de notre *moi* pour arriver au *soi*. Autrement dit, si, couche après couche, on pèle l'oignon, on arrivera à l'axe virtuel qui est considéré comme son essence. Partant de cette image, je propose une technique qui va mettre en pratique une médiation sur cet enseignement. On prend une empreinte du visage directement dans l'argile avec une crèpe de terre de deux à trois centimètres d'épaisseur. (J'ai observé que certains sujets supportent mal cette expérience qui, normalement est très agréable. Dans tous les cas, sans aucune exception, il s'agissait de personnes ayant eu une naissance dite « traumatique » ! Quand on enlèvera la crèpe du visage, on aura une empreinte fidèle, en creux, du visage. C'est une vision de soi-même assez surprenante, très belle ; on a l'impression de se voir du dedans, de percevoir la face interne du visage, derrière la façade de notre peau. Les deux à trois centimètres de terre brute et informe, l'autre face de l'empreinte, cache et emprisonne l'essence, c'est-à-dire l'empreinte en relief du visage. Le travail se fera par étapes successives, chacune irréversible ; si on a raté, on ne peut pas revenir en arrière. On est obligé de tout recommencer. C'est un travail de patience et de contrôle de soi qui se fait dans une matière qui change de nature durant le processus, nous obligeant à adapter nos méthodes à chaque changement, et entraînant chaque fois de nouveaux états de réflexion. De nombreux stagiaires sont déprimés pendant les premiers jours consacrés à ce travail et je dois les encourager à procéder couche par couche, pour atteindre l'empreinte de leur visage, emprisonné en arrière de ce magma d'argile. Vers le troisième jour, ils parviennent à croire qu'ils arriveront à libérer l'empreinte : commence alors une aventure passionnante... Chacun retient son souffle, tant l'anticipation est grande... De métamorphose en métamorphose, le masque devient plus léger. On commence à se reconnaître et souvent même on reconnaît aussi l'image d'un ancêtre habitant son propre visage. Ce n'est pas encore (ou ce ne sera jamais) ce qu'on voudrait (problème de la conscience tragique de la perfection impossible), et on pèle encore ; mais avec des précautions infinies, parce que le masque devient de plus en plus mince et fragile et que le moindre geste d'impatience nous ferait passer de l'*Autre côté*, détruisant le support de l'essence qu'on souhaitait révéler. A la fin, on aura un objet précieux... précieux pour celui qui l'a travaillé, à cause des heures (quelque fois une centaine !) de soins et de soucis, à cause de toutes les méditations, les angoisses, les associations, les amplifications et à cause du travail psychique qui s'est greffé sur le travail manuel.

Cet objet, le masque, cet « objet masque » qu'on fait naître avec nos mains (taillant, coupant, pliant, collant, modelant, etc.) est le lieu de rencontre de nos pulsions internes et de leur représentation externe. Il peut symboliser les conflits aigus, les problèmes sociaux, notre méchanceté, notre bêtise ou, au contraire, notre sagesse, notre sérénité. Ce masque est la manifestation de notre sacré... Il attend, dans un premier temps, d'être actualisé (créé) et dans un deuxième temps, d'être porté, investi, animé... il attend le danseur acteur.

Un masque est toujours la projection de son créateur... et par extension, l'improvisation et la chorégraphie sont également les projections de leur créateur. Ces créations parlent à... et de... toutes les fonctions imaginaires de leur créateur et, éventuellement, à... et de celles des spectateurs, les touchant sensoriellement dans leur affectivité, éveillant l'intelligence et l'intuition par un assemblage de symboles, signes nécessitant un décodage, donc un langage.

Mais une autre fonction de ces activités est la guérison, la réparation, la thérapie, qui dans son sens initial signifie :

remettre en harmonie, discipline autrefois confiée aux seuls prêtres et initiés. Le masque (et le jeu dans lequel on va le faire entrer) représente symboliquement le sujet qui l'a créé. C'est toujours le stagiaire lui-même qui crée *ses* masques. Étant création, créature et symbole du créateur, ces masques suscitent de multiples projections. Une vérité intérieure se trouve concrétisée dans un objet extérieur, manifestation d'une saturation d'énergie accumulée à l'intérieur et cherchant une issue, une mise en relation des deux pôles intrapsychiques : le conscient et l'inconscient. La création du masque est elle-même une expérience psychologique, un cheminement complexe qui reste l'un des plus authentiques parmi tous les actes créatifs, un acte qui puise dans l'inconscient ; le résultat, le masque, peut amener une révélation de soi à son créateur. L'objet masque (actualisé) devient le « récipient », le contenant des forces qu'on sent intuitivement exister... mais qui échappent à notre perception quotidienne. Dans le masque est concentré le désir de son créateur. Détaché de son créateur, devenu objet, stimulus externe, signe, le masque peut avoir une action catalytique, permettant la pénétration des images archétypales, maintenant arrivées au niveau subconscient et peut-être au niveau conscient. Ces personnages archétypaux ne sont jamais imposés par l'animateur : ils émergent spontanément. C'est à sa propre personne en devenir que le participant peut œuvrer à travers ses propres représentations archétypales.

Certains masques ont le pouvoir d'un objet lumineux primitif et recevant d'étonnantes projections.

Nous demandons aux stagiaires d'imaginer un masque qui leur est propre. Il y a des thèmes qui apparaissent perpétuellement, et à chaque stage il y aura un nouveau soleil, un nouveau diable, un nouveau clown... d'autres personnages sont immuables, tels que l'enfant, la mort, l'oiseau, le monstre, l'ogre, l'ange, l'esprit protecteur, le médiateur divin, et on a toujours des masques représentant leur créateur à une autre période de sa vie, passée ou future, masques projetant ce que la personne aimerait être ou réaliser. Autour de ces thèmes, les fantasmes vont s'accumuler, devenir à leur tour masques, puis jeux, permettant une nouvelle communication avec l'imaginaire. La tâche de l'animateur-initiateur sera de resituer ces personnages imaginaires, symboliques, imaginals, archétypiques, dans la réalité, ici et maintenant, pour permettre à la personne d'atteindre et d'exposer ses problèmes actuels.

Jusqu'ici je n'ai parlé que de la création de la forme du masque. Je n'ai pas parlé de l'acte de peindre les masques. Cette peinture, par la couleur et les dessins, va exprimer autre chose concernant le désir. Rarement vise-t-elle seulement à une reproduction de la réalité externe ; c'est plutôt une réalité interne qui cherche issue (ex. un masque dont le front et les yeux sont peints en noir, le nez et la bouche en outremer foncé, ces deux couleurs partagées horizontalement ; un autre masque, cette fois divisé en deux verticalement par un arbre prenant racines dans la bouche et le menton, le tronc montant sur le nez, et les branches se déployant sur le front. Cet arbre, silhouetté sur le double fond noir et blanc, des branches mortes à droite, sur le côté noir et des branches vivantes à gauche, sur le côté blanc du masque).

Un même masque peut être peint différemment à plusieurs reprises, indiquant les changements d'une réalité interne ; chaque nouveau maquillage exprime l'involution ou l'évolution du désir, pulsion imaginaire qui se manifeste par la transformation de l'image externe. Cette nouvelle image signale la possibilité d'une nouvelle médiation entre l'*autre* et soi, ou *soi* devenu autre.

Le masque clivé en deux personnages, soit à la verticale soit à l'horizontale, et opposé dans ses couleurs, reparaît constamment. C'est le masque des jumeaux, du double ou de l'ombre, exprimant l'ambivalence. D'ailleurs *tout* masque est déjà, en soi, une espèce de double. Ces masques sont les représentations du dédoublement. J'ai pu voir des masques avec trois, quatre, cinq visages emboîtés les uns dans les autres.

Au cours de leur fabrication, on observe le même phénomène dans la succession des différentes créations. Deux personnages confondus en un même masque peuvent se succéder en deux masques élaborés à la suite l'un de l'autre (ex. un masque blanc suivi par un autre masque noir, ou un masque riant suivi par un autre pleurant). C'est autour de ces deux personnages que la dynamique des futurs jeux va s'organiser. Une opposition fondamentale est toujours représentée, nous donnant des masques qui interrogent et répondent, masques représentant le *Chef* qui n'est pas l'*Inférieur*, le *Héros* qui se distingue du *Monstre,* l'*Homme* de l'*Animal*, l'*Oiseau* du *Reptile*, le *Fils* du *Père*, l'*Enfant aimé* qui n'est pas l'*Enfant abandonné*, etc.

Le transfert avec l'animateur-initiateur va s'établir aussi à travers la relation duelle d'*initiateur* différencié de l'*initié* ; mais aussi à l'intérieur du groupe, *moi* différencié de l'autre. Toute cette activité créatrice n'aura d'action thérapeutique que si sa signification peut être décodée et reconnue par autrui ; seul l'autre peut me permettre d'établir une relation. C'est cette relation en puissance entre l'initiateur et l'initié, entre le *moi*-initiant et l'*autre*-initiant, entre le *moi*-initié et l'*autre*-initié qui peut permettre un résultat thérapeutique. On va utiliser ces objets transitionnels, masques et autres objets symboliques créés pour l'occasion, pour établir les relations et déclencher le processus. Le commencement se trouve dans la production du masque, qui permet une véritable projection de la personne et de ses conflits.

« Selon Jung, les instincts fondamentaux sont la *faim*, la *sexualité*, le *besoin d'activité*, la *réflexion*, et l'*instinct créateur* [5]. C'est sur cet *instinct créateur* que je mise pour libérer l'imaginaire, l'imagination, l'image, l'imaginal. L'image *a* la force d'une action qui peut révéler au sujet en miroir (spéculaire) sa propre image de lui-même, des autres, du monde. Les *crises* et les *crises de conscience* seront vécues à travers la perception de notre objet-produit, à travers nos résistances à le faire, notre ressenti corporel et affectif. Ce qui est important, c'est d'être attentif au moment où nous sommes impliqués et à la façon dont nous le vivons émotionnellement.

5. James Hillman, Le mythe de la psychanalyse, « Imago », Payot, 1977.

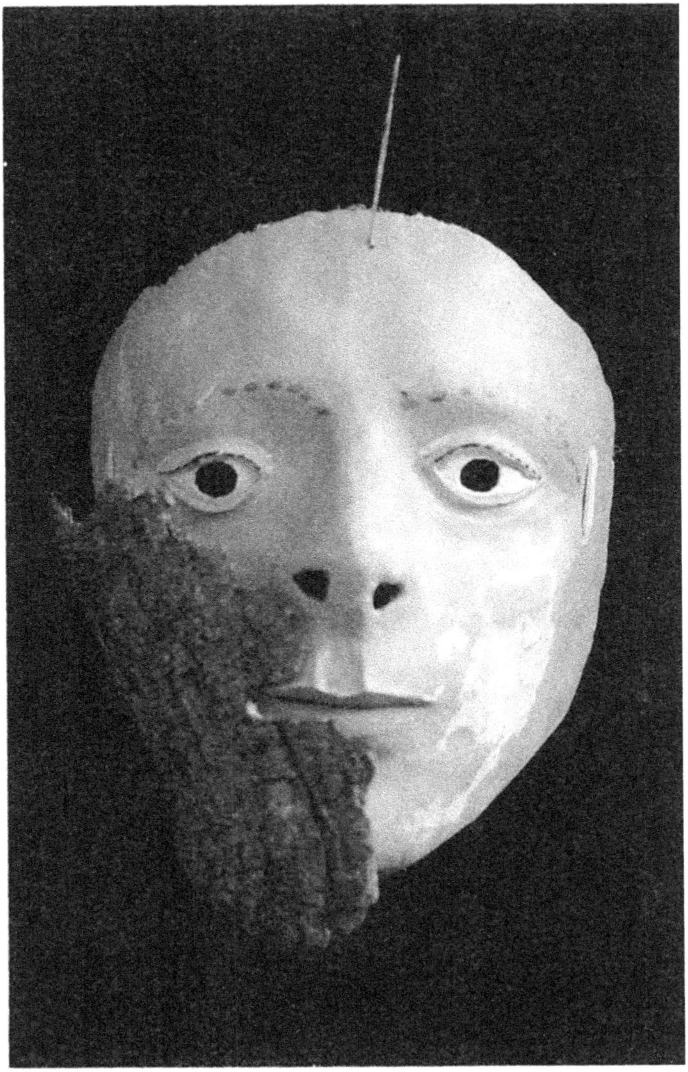

Le mutant

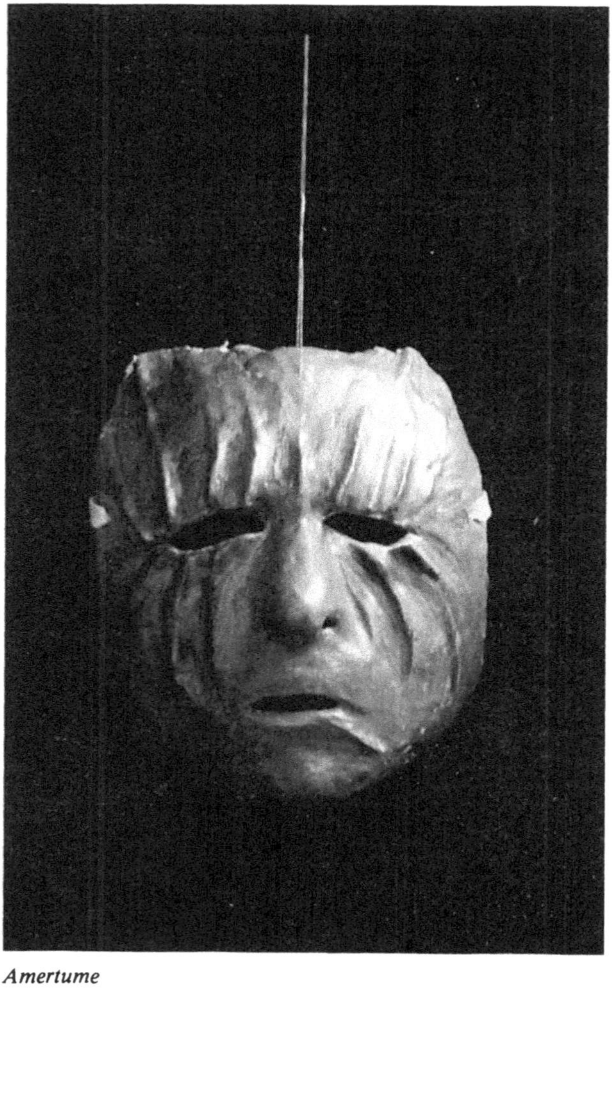

Amertume

Éveil de soi

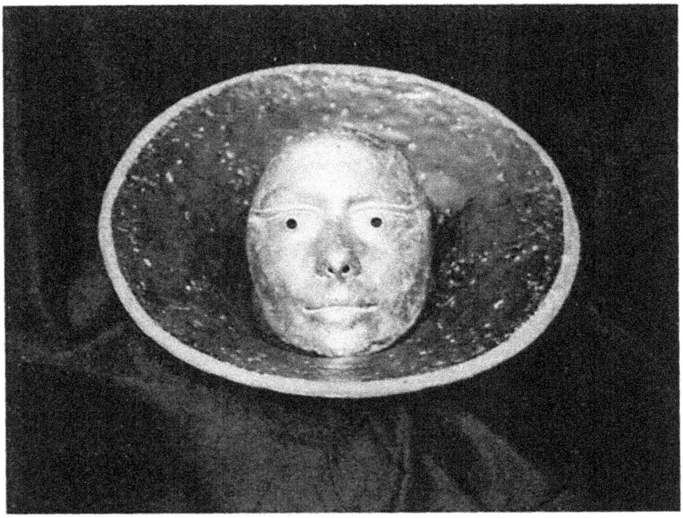

Emergence

Souffrir

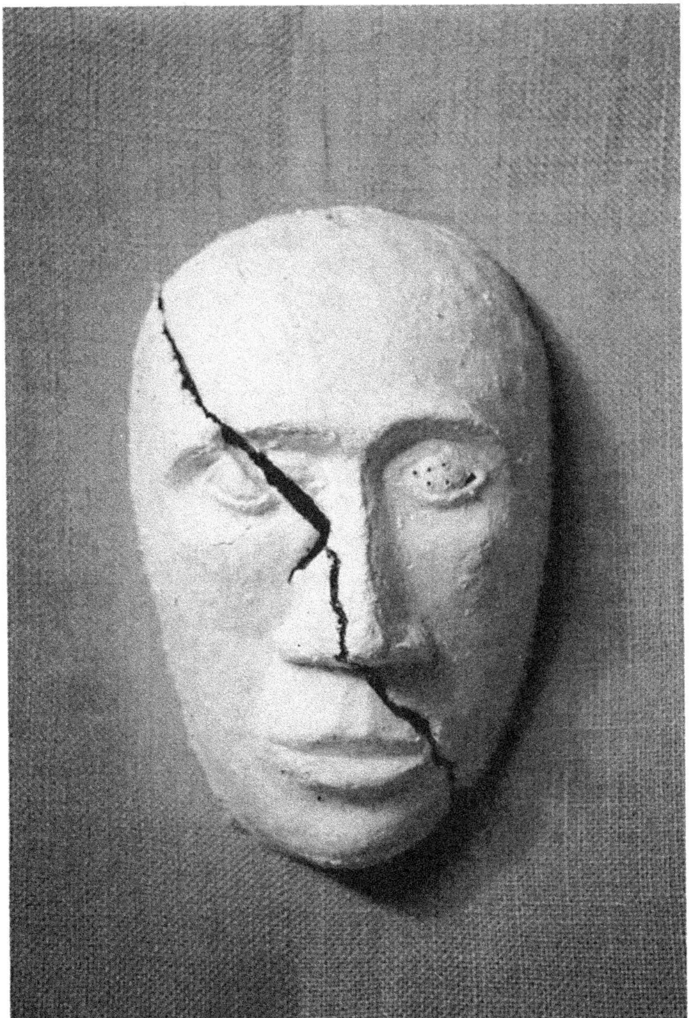

Clivage

Intégration

Symbolique de l'Espace
et du Temps
pour un Théâtre Initiatique

« ... les évêques d'aujourd'hui
ne sont plus que de Grands Ignorants,
des jean-foutre mitrés qui suppriment
les pélerinages sur les lieux dolméniques,
changent la place géométrique de l'autel
dans les sanctuaires, construisent des
églises qui ne sont que des halles mortes,
sans référence aux astres, ni à l'écliptique,
ni au Nombre, ni à l'heptagone. »

Henri Vincenot
Le Pape des Escargots

Parce que le but envisagé est l'individuation, on ne doit pas manquer la moindre occasion de différencier une chose d'une autre. Le *théâtron* (espace théâtral total) offre une *gestalt* parfaite pour ces actes de différenciation. C'est une machine à métaphores révèlant le caractère hiérarchique des activités humaines.

L'architecture déterminera ce qui sera montré pour être vu, étant une structuration de l'espace au service du spectaculaire, et dans notre contexte, du spéculaire. Originellement, ce qui se jouait était une représentation du *cosmos* (de l'ordre, donc ordonné, différencié). Le lieu du *théâtron* prototype était orienté en fonction de nos perceptions du soleil. Avant l'avènement de l'architecture, ce temple archaïque fut la nature. Mais la nature était trop étendue pour être contenue dans un acte ritualisé, et nos ancêtres ont réduit l'univers infini à un paysage connu auquel ils ont donné des significations. Tels furent, à l'origine, dans les brousses ou les bois sacrés, le *lucus* des romains, l'*alsos* des grecs. Le *templum*, espace consacré dans la nature, devient le *templum* monument, espace enclos dans une architecture. Le *castro* (campement) devient le village, la ville, la cité. *Templum* ou *castro* étaient fondés selon les rites universellement répandus, qui trouvent leurs origines chez les Etrusques. Les fondations de ces lieux étaient orientées, grâce à la mise à la verticale d'un mât (*gnomon*, ou pierre dolménique) représentant l'*omphalos* (nombril du monde), établissant une communication possible entre le terrestre et le céleste. Autour du mât, on trace un cercle. L'observation de l'écart maximum entre l'ombre du matin et celle du soir, portée sur ce cercle, permet de repérer l'axe nord-sud (*cardo)* et l'axe est-

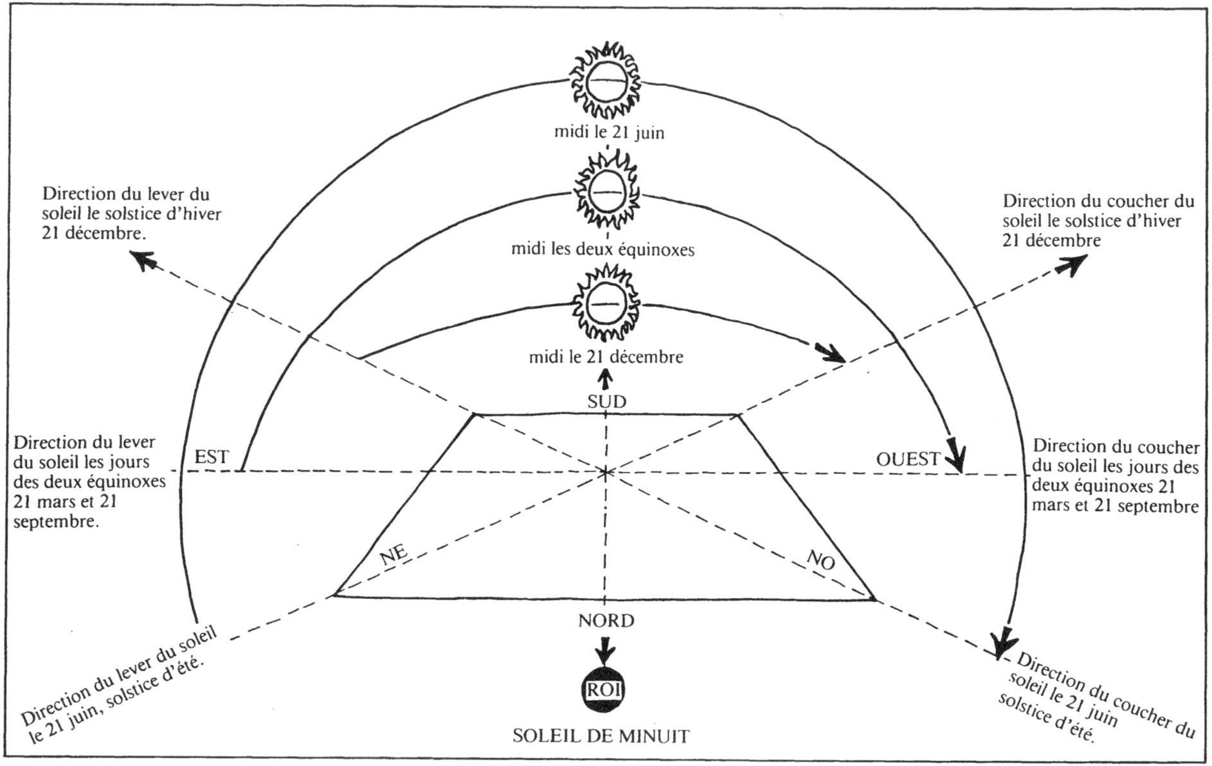
midi le 21 juin
midi les deux équinoxes
midi le 21 décembre
Direction du lever du soleil le solstice d'hiver 21 décembre.
Direction du coucher du soleil le solstice d'hiver 21 décembre
SUD
EST
OUEST
Direction du lever du soleil les jours des deux équinoxes 21 mars et 21 septembre.
Direction du coucher du soleil les jours des deux équinoxes 21 mars et 21 septembre
NE
NO
NORD
ROI
Direction du lever du soleil le 21 juin, solstice d'été.
Direction du coucher du soleil le 21 juin solstice d'été.
SOLEIL DE MINUIT

ouest *(decumanus)* : celui de la croix horizontale des axes cardinaux, correspondant aux deux lignes joignant respectivement les deux points du solstice et les deux points de l'équinoxe : cet acte sacré établit la « quadrature du cercle solaire ».

Le mot latin *templum* et le mot grec *temenos* sont issus, tous les deux, du même radical indo-européen *tem*, signifiant « couper, délimiter, séparer ». L'enceinte de l'espace consacré *délimite* et *sépare* le domaine profane environnant, du domaine sacré réservé à la Divinité. Cet espace clivé est la symbolisation du « non-chaos/chaos », lieu où se manifestent les différenciations spatiales hiérarchisées. Cet espace concave et clos rappelle d'autres lieux sacrés : les grottes, les cavernes, avec le souvenir de l'expérience ambiguë de pénétration vers le ténébreux intérieur ou de sortie vers la lumière de l'extérieur. Les espaces orientés ramenaient ceux qui y pénétraient à un stade utérin, voyageant comme dans une barque vers le lever du soleil. On allait à la rencontre de la lumière, vers l'Orient. Tout *templum* est construit parallèlement à l'équateur, en se déplaçant avec la terre pour aller à la rencontre du soleil levant.

Originairement, l'heure du rituel (spectacle sacré) s'accorde aussi avec le temps cosmique... le solstice... l'équinoxe... les lunaisons... les éclipses, etc. Il y a correspondance entre tous ces cycles du temps, *midi* et *minuit* quotidiens reproduisant, sur un autre niveau, l'*été* et l'*hiver* annuel. Dans la durée du jour, *midi* correspond dans la durée de l'année au *solstice d'été*. Le jour et l'année se divisent en deux moitiés, l'une ascendante de *minuit* à *midi*, du *solstice d'hiver* au *solstice d'été* ; l'autre descendante de *midi* à *minuit*, du *solstice d'été* ou *solstice d'hiver*. Ce sont les mouvements les plus importants, quand est célébrée l'**énantiodromie**, le renversement cosmique. Le héros et/ou le dieu est le Soleil. Sa passion est sa chute en enfer (processus de la lumière affaiblissante) et sa renaissance (processus de la lumière grandissante). Le héros Jésus devient le Christ *et* Roi du Monde seulement par son passage dans le royaume de la mort. Là, il devient le *Soleil de minuit* qui se lèvera pour devenir le *Soleil de justice à midi*.

Les deux solstices, aussi bien de midi que de minuit, sont les deux moments *énantiodromiques*. L'*énantiodromie* est un renversement, un changement complet en l'inverse: quand le *yang* verse dans le *yin* ou vice versa; quand le catabolisme se change en anabolisme ou inversement ; quand l'augmentation se transforme en diminution, l'ascension en descente. Nous tenons d'Héraclite la première méditation écrite sur le processus éniantiodromique. « Ce qui vit meurt, ce qui était mort renaît ; ce qui est jeune vieillit et ce qui était vieux rajeunit, ce qui veillait s'endort et ce qui dormait s'éveille ; jamais ne s'arrête le courant de destruction et de création... Créer et détruire, détruire et créer, telle est la norme qui embrasse tous les cycles de la nature, du plus petit au plus étendu.Le *cosmos* lui-même, naguère issu du feu primordial, retombera un jour dans le feu... double processus qui se déroule à périodes fixes bien qu'incommensurables.

Ce sont les parcours des astres qui ont ordonné le déroulement des rituels ; les rituels étaient les représentations de l'**énantiodromie** (drame de retournement dans le cycle de la course du soleil) célébrée dans les temples. Le rituel du feu reproduit le processus de la Création. Comme le temple représente le monde, l'extinction du feu (soleil) équivaut à une « mort » du monde ; celui-ci est replongé dans le chaos primordial, l'holocauste. Chaque soir (et chaque hiver), le soleil descend par la « porte occidentale » dans l'Hadès, l'Enfer, dans l'empire de la mort. En héros il le traverse et renaît chaque matin (et chaque printemps) par la « porte orientale ». La célébration de sa réapparition sera le rituel de la réanimation du feu, reproduisant symboliquement le *Fiat lux*, le départ d'un monde nouveau, d'une année nouvelle, un cosmos qui succède au chaos, la régénération du monde et du temps.

Nos grandes fêtes religieuses comme Noël, Pâques, l'Épiphanie, sont les formes contemporaines de fêtes qui remontent le temps, fêtes du feu et de la lumière, mais aussi fêtes des eaux. Les Anciens enseignaient que le feu, principe issu du soleil pour produire le nouveau, doit s'unir d'abord avec l'eau. Le dieu céleste doit entrer en agonie (lutte) avec le dragon, puissance des ténèbres, qui infeste les eaux. Ces représentations mythologiques sont très répandues. C'est, à Babylone, Marduk qui vainc Tiamati en Égypte, Osiris et Isis qui vainquent le démon Seth, leur frère jumeau.

En Grèce, Apollon vaincra le Python ; dans l'Inde, Indra terrasse Vrita ; chez les Israélites, Dieu lutte contre Rahab ; chez les Chrétiens, l'Agneau Christ défait la bête Léviathan.

Par sa victoire, le Soleil détruit le dragon, principe de mort, et libère les eaux ; il s'unit à elles ; il les féconde et permet ainsi le renouveau.

Au XIXe siècle, ère de l'industrialisation, la cité, le temple et les lieux sacrés subiront une dégradation quant à leurs emplacements et en même temps leurs sens symboliques seront embrouillés. La recherche théâtrale que je propose à mes stagiaires va tenter de réintégrer ces notions perdues, en renouant avec les traditions de l'Ancêtre, pour chercher le lien entre les rituels, cérémonies et représentations d'autrefois, et nos besoins actuels quant à ces actes.

Le lieu de représentation peut être un temple, une église, un théâtre, une scène, un écran de télévision ou de cinéma, un tableau, une table, un autel... C'est le lieu intégral d'une unité fondamentale comprenant deux espaces ; l'un pour l'action, la cérémonie, l'objet ; l'autre pour la con-templation de cette action, cérémonie ou objet. Dans ce lieu, on construit un espace non seulement structuré, mais où on donne une signification précise à ces structures selon leur fonction. La valeur didactique de cette recherche tient à la constitution d'une structure ordonnée et sécurisante où les participants peuvent expérimenter le déroulement énantiodromique des représentations de négation et d'affirmation, de perte et de gain, de clarté et d'obscurité, de vie et de mort, de lumière et de ténèbre, de légalité et de criminalité, etc. Louis Jouvet disait : « Condamnés à expliquer le mystère de leur vie, les hommes ont inventé le théâtre. »

De même qu'il y a deux espaces au théâtre, celui de l'action-objet et celui de la contemplation de cette action-objet, il y a plusieurs temporalités distinctes, celle du temps formellement consacré aux activités de contemplation (jeux, nomination) et celle où s'écoule l'informel, des activités profanes (repas, etc.). De plus, il y a pendant la représentation un rapport (continu-discontinu) entre le temps réel du spectateur et le temps mythologique représenté, une confrontation de la durée.

C'est cette distinction entre le lieu et le temps des activités de jeux et de nomination et de ceux informels du repas, de la vie en commun (qui ont leur importance distincte dans le processus qu'engendre le groupe), que je souligne dès le début du stage. Notre travail formel dans l'espace théâtral sera défini selon les heures choisies par le groupe même. Une fois que les heures sont déterminées, les membres du groupe s'engagent à les respecter. On ne commence la séance que lorsque tout le « *corps* » est là.

L'absence d'un ou de plusieurs membres implique le morcellement du corps groupal. Une part du travail de l'analyse peut concerner les résistances et les problèmes qui émergent de ces contraintes concernant le temps formel. Souvent, le vécu conflictuel concernant la « bonne heure » s'exprime dans les thèmes des jeux.

Donc, quand la « bonne heure » arrive, les stagiaires quittent l'informalité relative de la vie « groupale », le « *dehors* », pour pénétrer dans le lieu formel de l'activité, le « *dedans* » : l'espace théâtral. Ils laissent à l'extérieur (sacrifice) toute boisson, cigarette, nourriture réelle, gratification d'objets, physique et orale, pour se concentrer sur l'imaginaire et le symbolique, l'essentiel, l'imaginal, gratification d'une « réalité psychique objective » (P. Solié).

Pour répondre aux exigences de mes objectifs, je structure notre espace théâtral en cinq parties, chacune ayant une fonction propre. Cette mise en ordre me donne un outil précieux aux moments de désordre psychique, quand l'irrationnel risque de l'emporter sur le rationnel. Cette structuration volontaire opère comme un cadre, une trame invisible, m'aidant à ré-établir l'harmonie durant les moments de dissociation.

Ces cinq lieux distincts, je les nomme :

1. Lieu du Spectateur — matrice de conception.
2. Lieu de la transformation — situé dans le dos du public, dans l'« ombre » du public.
3. Lieu de la Représentation — la scène.
4. Lieu du Chiasme — seuil entre le Réel et l'Imaginaire.
5. Lieu du Paroli — la Nomination.

Le lieu du Spectateur-Matrice de Conception est, à chaque séance, le premier lieu investi par tout le monde. C'est *là* que la séance commence ; les stagiaires sont assis, face à l'espace scénique vide. Exposés face à nous, nos masques, font barrière entre l'espace que nous venons d'investir et la scène non-encore (en-corps) investie. L'espace scénique vide et nos masques sont l'objet de notre contemplation silencieuse jusqu'à ce que monte en l'un de nous la *conception* d'un jeu. Cette conception n'est souvent qu'une vague pulsion, mais peut être aussi un projet élaboré. A partir de ce moment s'opère un changement de rôle pour ce spectateur, qui en prenant un masque dans ses mains se transforme en acteur. Avec le masque de son choix, il va quitter le *lieu du spectateur* pour passer, en arrière, dans le *lieu de Transformation* qui, pour nos besoins, est toujours situé dans le dos du public. Toute transformation (de l'acteur en personnage, avant le jeu, ou du personnage en acteur, après le jeu) est expressément cachée à la vue du public. Dans ce lieu de transformation se trouve la penderie des « vêtements pour rêver » et les « objets symboliques », qui sont créés pour notre théâtre par les participants. Aucune arme ou outil réel n'est permis sur scène. Il peut y avoir une grande production d'objets phalliques, soit des bâtons simples, coupés et taillés pour la circonstance, ou des couteaux, des glaives, et des épées fabriquées en papier mâché. Il peut aussi y avoir des objets-partiels du corps, par exemple, de fausses oreilles ou de faux seins, pour éviter les passages à l'acte exhibitionnistes (ceci n'étant pourtant pas interdit). C'est dans ce lieu que l'on compose l'image de son personnage, le dotant des couleurs appropriées ; préparant les métamorphoses possibles par des épaisseurs de couleurs superposées. La couleur d'un costume s'inscrit dans une symbolique codée des couleurs. Par exemple, un jeu peut commencer avec l'acteur vêtu en noir pour symboliser un état de « *nigredo alchimique* » et peut se terminer en rouge ou en blanc pour symboliser le désir ou le mariage.

Pendant que l'acteur se prépare, l'auditorium est obscurci. La scène vide (l'absence) et la baisse de lumière produisent une régression de la part du public, qui attend. La géométrie de l'espace-théâtral va favoriser le désir de recevoir (manger), expérience viscérale. Le public devient vorace. Les deux espaces, (celui de la scène et celui du public) symbolisent et induisent deux fonctions réciproques. Le public est en situation d'anticipation, d'appétit. L'acteur sera l'objet à consommer.

Retournons-nous à nouveau vers notre acteur. S'étant détaché lui-même de cette détente régressive du public, étant parti pour se préparer à entrer en scène, il commence à avoir une appréhension vis-à-vis du public ; il le sent comme exerçant une force unifiée dans sa demande, sans responsabilité, sans obligation, mais il y a là une faim à combler. Sachant confusément que c'est lui, l'acteur, qui sera en situation de s'offrir, d'être mangé par les yeux dévorants du public, il va sentir monter en lui cette angoisse qu'on appelle « le trac », signe et symptôme de conflit et de refoulement. Conflit narcissique tout d'abord entre le désir d'exister et celui d'être vu, puis peur d'être incorporé, mangé. Sa transformation en personnage terminée, c'est dans cet état de « trac » que l'acteur passera, dans l'obscurité, à droite ou à gauche du public (ce choix de côté gauche ou droit n'est pas sans importance) pour traverser le *seuil formel* entre le monde réel (le public réellement présent) et le monde de l'imagination (monde de la représentation). Son trac arrivera à son apogée durant le long moment qui précède son entrée sur la scène noire. A son entrée, la scène va s'éclairer lentement, et peut-être va-t-il retrouver la maîtrise de soi, malgré la présence de cette attente avide des spectateurs. Si son trac prend le dessus, c'est le signe indicateur de la gravité de son refoulement, de ses inhibitions et de ses peurs.

Cet acteur est arrivé sur le *lieu du jeu*, pour devenir *protagoniste* (le premier qui agonise, qui dit *agon*, dit combat). Son premier combat sera avec lui-même, avec ce sentiment d'être exposé et nu devant les yeux des spectateurs. En ce moment le regard du public a le « pou-*voir* » de la Méduse, cette Gorgone qui pétrifie celui qui se confronte à elle. Comme dans le mythe de Persée, l'acteur (héros) ne peut vaincre ce regard si « médusant » pour lui, que par l'image réfléchie d'un miroir qui, dans notre contexte, sera son jeu, un « jeu-miroir ». Ce premier combat lui ouvrira la longue route vers la réalisation du « jeu-miroir ». C'est en surmontant les refoulements (symptômes du trac, paralysants, médusants), qu'il dépassera le « spectacle » qu'il donne désormais de lui-même dans son désarroi. Tout acteur connaît au long de sa vie ces moments où il est obligé de faire intervenir sa volonté pour surmonter et dépasser le trac, s'il veut réellement jouer... autrement il sera joué, lui, par ses affects. *Jouer* est une activité symbolique pour lutter (agon) à laquelle on n'échappe pas. Pour bien jouer (bien lutter), il faudra ériger un « jeu-miroir » à l'intention du « public-gorgone », pour qu'il puisse se reconnaître « spéculairement » et être éclairé, en même temps que l'acteur, par les reflets d'une même réalité, vraie et réciproque.

Si l'acteur joue bien, son jeu sera fécondant. Dans notre contexte, cela veut dire qu'il donnera à un spectateur le *désir* de se joindre à lui. Il aura un antagoniste qui lui donnera la réplique ; et ainsi de suite. C'est dans le public présent (lieu de conception) que le désir de jouer (jouir) naîtra, incité d'abord par le protagoniste et ensuite par le déroulement du jeu. Le protagoniste arrive sur scène mené par sa pulsion de « quelque chose à dire », mais tout ce qui suivra dépend du public, s'il a ou non « quelque chose à entendre » et « quelque chose à répondre ».

Les rôles du public sont multiples : ils commencent avec le *rôle du spectateur*, celui qui a payé pour jouir. *Il* a le droit de pleurer, de rire, d'applaudir, de se taire ; autrement dit, d'exprimer sa jouissance et ses frustrations. Son expression exerce une force qui influence le jeu de l'acteur et comme M. Tchekhov l'a dit « le public a certains devoirs envers l'acteur... en participant au spectacle, le public peut élever la qualité comme il peut l'abaisser par un calme excessif et une attente passive d'impressions. Il faut que le public *approuve le désir* de voir un bon spectacle, et s'il le désire, ce sera un bon spectacle. »

Un autre rôle du public se rencontre dans notre contexte pendant le *paroli*, quand il est sollicité de quitter le *rôle de spectateur* pour prendre le *rôle d'observateur* ; c'est celui qui peut *servir*, être utile, en observant. C'est, pour tous, le temps de l'écoute analytique. Pour éviter d'induire un changement dans la situation qu'il observe, le public se prive (castration symbolique assumée) de l'expression de son vécu, en attendant la « bonne heure » pour le dire.

Puis il y a le rôle du *voyeur*. C'est celui qui est voleur d'une jouissance sans échange. Il ne s'implique pas. Il arrive qu'un participant glisse passivement dans ce rôle. Il sera, tôt ou tard, agressé par les autres participants qui, selon les lois de la « dynamique de groupe », n'acceptent pas quelqu'un qui ne paie pas de sa personne, qui ne « se mouille » pas.

C'est *de* ce lieu du public, ce lieu de conception, que viendront ceux qui prendront les rôles de *metteurs en scène en puissance* et d'*acteurs latents*, ceux qui ont été fécondés et qui ont eu une pulsion ou qui ont élaboré un projet, mais qui ne sont pas passés à l'acte, à la mise en œuvre. Il y aura aussi ceux qui désirent jouer, mais qui n'arrivent pas à être fécondés, à avoir une conception. Ces rôles, parmi d'autres, circulent dans le public pendant tous les jeux ; quand un jeu est terminé et que commence le déroulement du *paroli*, ce public doit formellement se retirer du rôle de spectateur pour devenir « formellement » observateur. Maintenant, chacun doit *essayer* de pratiquer l'écoute silencieuse et disponible. Je dis « essayer », parce qu'il sera, souvent, trop impliqué. Étant impliqué, il apprend à témoigner en silence jusqu'à ce que tous les acteurs aient exploré et verbalisé le plus important de leur vécu. Ensuite, c'est à ce moment que tout le monde va changer à nouveau de rôle.

Les observateurs, jusque là silencieux, abandonnent leur rôle de récepteurs pour devenir émetteurs. C'est maintenant qu'ils peuvent s'exprimer sur leur vécu concernant le jeu qu'ils ont vu ou concernant le *paroli* qu'ils ont écouté ; seulement, ils doivent éviter de coller des interprétations sauvages. Ils seront encouragés à assumer *leur* vécu, leur subjectivité. Le « on » doit être systématiquement remplacé par le « je ». « *J'ai projeté* dans votre jeu... ».

En écoutant le public, il est surprenant de découvrir combien de scénarios différents peuvent être projetés sur un jeu. Je pose toujours la même question : « Comme antagoniste, avez-vous eu des projets pour entrer en relation avec le protagoniste ? » Cette question permettra à ceux qui n'ont pas encore eu le courage de jouer (en acte), de prendre la parole pour parler d'un jeu imaginaire, projet potentiel ; ou de parler de leur problème, de l'absence de désir, de l'absence de fécondation, de l'absence d'un monde imaginaire audible et captable par leur conscience. Souvent ces stagiaires ne se souviennent même pas de leurs rêves ; et il se peut que ce travail avec les jeux masqués entraîne l'éclosion dans le conscient de rêves où de cauchemars.

Une autre question est constamment posée à tout le monde. « En quoi étiez-vous frustrés ou comblés par ce jeu ? » En cherchant à répondre à cette question, bien que n'ayant aucune technique scénique pour débuter, stagiaires, par leurs auto-critiques et leurs auto-appréciations (à ne pas confondre avec la complaisance) vont percevoir comment mieux jouer. Ils découvrent et réinventent les techniques scéniques adéquates. Dans notre contexte théâtral, le problème n'est pas de dire des choses en jouant, mais de montrer des choses, de les rendre apparentes, aux sens des spectateurs. Chaque participant désire être un bon acteur. Ma tâche est de permettre à chacun de progresser peu à peu dans sa communication, et de l'expérimenter par la pratique. Notre espace théâtral, « lieu atelier », offre toutes les occasions de recommencer, aussi longtemps qu'il le faut, et de ré-expérimenter après chaque ébauche jusqu'au dépassement de soi-même. On commence dans le prélangage primitif des cris et des gestes, dans le préesthétique, visant à la transformation de l'acteur. Dans un premier temps, je ne parle pas de technique. Les premières expériences sur le lieu scénique vont concerner le problème ontologique d'Hamlet, *être ou ne pas être* ; cela consiste en un exercice simple, mais qui peut être une expérience confuse et déconcertante. Cet exercice consiste à porter le nouveau masque sur scène, et à essayer de représenter dans son corps comment on croit qu'il se maintient. Il n'y a pas encore de situation, seulement la consigne de rechercher la manière dont ce masque peut imposer une façon d'être corporelle. Deux acteurs occuperont le même espace scénique et la consigne sera de ne pas chercher de relation avec l'autre, mais de chercher à co-exister, chacun dans son monde et dans sa façon d'être à soi : de se donner une existence à soi, et de la maintenir, dans un premier temps, une minute seulement ; plus tard on pourra poursuivre le jeu autant qu'on le voudra. Si je veux avoir une relation avec un autre *de sujet à sujet*, je dois, avant tout, exister moi-même, *être* ! La plupart des acteurs novices sont dans l'impossibilité d'être. Ils cherchent à établir une relation dans la dépendance, dans le manque. Ils « communiquent » dans l'illusion d'un dialogue, deux « objets » monologuent, fusionnant dans un surplus de sensations subjectives, et dans l'absence de perceptions interpersonnelles, devenant, chacun, l'objet de l'autre, et entraînant soi-même et l'autre dans l'aliénation. Ce simple exercice, répété souvent, va leur permettre de repérer ce qui détermine leur existence propre, si minime soit-elle. Puis, une fois ce repérage fait, ils peuvent élargir cette présence à soi, la faire grandir, pour éventuellement l'utiliser consciemment dans la culmination d'une communication, d'un acte esthétique.

L'acte théâtral est une dure école où on apprend que ce n'est pas soi-même qui doit être montré en spectacle, mais que l'on doit utiliser sa *capacité d'être* pour montrer les visages de notre humanité ; que ce n'est pas l'action réelle elle-même qui doit être montrée... mais la représentation de l'action, non le passage à l'acte, mais une mise en œuvre de dépassement de la réalité, pour la transformer, s'en distancier, la sublimer en « jeu-miroir » (spéculaire).

La part d'analyse et de critique qui est faite par le public permet aux acteurs d'entendre comment ils étaient perçus. Ce sont les spectateurs qui ont la « vision » du jeu. Sur cette vision « reçue », ils feront toute une élaboration imaginaire. « Si c'était moi, j'aurais fait autrement sur tel ou tel plan.. », « Ça m'a fait beaucoup de plaisir à voir... », ou « Ça m'a frustré de ne pas voir mon masque pendant le jeu... » remarque adressée à un acteur qui n'a pas encore compris l'obligation que le masque impose à l'acteur de se déplacer face au public. Ces réflexions, venant du public, confirmeront, pour les acteurs, la qualité de leur communication. Après avoir reçu ces réflexions, l'acteur va réfléchir à son tour, et il se préparera à appliquer dans un jeu futur ce qu'il a compris.

Prenons maintenant en considération la nature, l'historique et la fonction du lieu scénique. C'est par le dialogue que nous nous trouvons au cœur du théâtre. Dans la réalité, tout le monde a un rôle à jouer. Confiné à l'intérieur de la situation réelle, le dialogue est *intra-muros*. Par contre, au théâtre, le dialogue s'établit entre deux groupes, ceux qui se montrent et ceux qui sont témoin.

On me reproche souvent mon insistance à vouloir séparer le lieu scénique du spectacle du lieu spéculaire de réflexion où se trouve le public. Pour le travail que je propose, c'est mon désir et ma volonté de préserver ces espaces duels, celui de l'acteur et celui du témoin, d'ouvrir consciemment la distance *entre* les représentations et ceux qui sont présents pour les voir. Mon intention est de favoriser la diminution de l'interaction physique (sensation) pour augmenter les perceptions de l'expérience. Pour l'acteur comme pour le public, plus les sensations sont intenses, et plus les perceptions s'évanouissent ! Ce que j'ai choisi dans le schéma italien, c'est que la scène doit être ailleurs. Le spectateur reste en dehors, dans une réalité bien présente, bien différenciée, à distance. Pour bien voir, pour bien percevoir, il faut créer la distance.

Retournons à nouveau vers notre acteur novice. Tout à l'heure, il était à l'intérieur du corps du public. Maintenant il est de l'autre côté, probablement avec son trac ; venant de l'extérieur de l'espace scénique, il a pénétré l'enceinte de ce lieu, jusque là vide, sans occupant, imposant et fascinant, symbole et souvenir d'une autre enceinte intra-utérine. Tout lieu est constitué de directions, de parcours, d'ouvertures. Mais pour notre novice, ce lieu scénique est horriblement vide, son corps excepté. Souvent, sa première réaction sera de se fusionner avec le seul objet qu'il voit devant lui, le public. Il va commencer à jouer *avec* le public au lieu de jouer *pour* le public. Et en jouant avec le public, il le regarde, il s'en approche, il diminue la *distance* entre lui-même et ce public. Ce qu'il cherche inconsciemment, c'est de retourner dans le giron du corps du public. Désirant qu'un antagoniste vienne le rejoindre pour qu'il se trouve moins seul, il appelle par des gestes... et généralement personne ne répond... ou si quelqu'un arrive, c'est la compassion qui l'a motivé, mais pas un désir réel de se joindre au *projet* du protagoniste, parce que la pulsion réelle d'un projet n'a pas encore eu lieu.

Comment transformer ce lieu vide, cette absence, en intention de communication ? L'acteur novice ignore encore que tout lieu contient toutes les directions, tous les parcours, toutes les ouvertures ; il ignore encore que les portes théâtrales ne sont pas de pierre ni de bois, mais d'esprit... les seuils en sont symboliques. En jouant avec le public, notre novice a foncé sur l'unique seuil réellement présent, celui qui sépare le lieu scénique du lieu spéculaire. En le défonçant, en jouant *avec* le public, il a détruit l'espace duel. Si personne n'est venu pour jouer avec lui, c'est parce qu'en l'appelant, il a rendu tout le public *réellement présent dans* son jeu. Ce n'est pas la peine de se déplacer pour le rejoindre, on est déjà inclus dans son jeu, et ce, par ses gestes vers nous. Pire ! Dans cette situation, le novice a rendu le public objectal, il est devenu la « chose » de l'acteur. C'est maintenant l'acteur qui menace de manger le public, au lieu de s'offrir ou d'offrir un acte symbolique, une représentation distanciée jouée *pour* eux, présentée en miroir pour eux ; la construction perceptible d'un fantasme qu'on peut expérimenter par procuration, sans être tenu de la vivre réellement, dangereusement, sans être tenu de répondre si on le ne désire pas.

Comme tel ou tel clivage du masque peut correspondre à tel clivage du moi, tel ou tel clivage dans mon utilisation de l'espace peut correspondre aussi à tel clivage en moi. L'acteur novice décrit plus haut n'est pas encore capable d'opérer corporellement et psychiquement l'investissement ou le désinvestissement de l'espace scénique. Son incapacité à jouer ailleurs qu'auprès (dans le giron) du groupe est un symptôme qui échappe ou qui dépasse son intention de communiquer. Bien sûr, il ne faut pas limiter la communication à l'intention de communiquer, qui suppose la volonté et le moyen de dire telle chose précise. Notre acteur, dans cette situation, exprime, par des signes involontaires, des informations inconscientes (et non-intellectuelles), symptômes qui trahissent involontairement ses problèmes existentiels. Ce sont finalement ses problèmes existentiels qui motivent l'acteur à devenir comédien, ou le psychologue à poursuivre une psychanalyse. Comme Louis Jouvet l'a si bien dit : « Il s'agit de considérer l'exercice du comédien comme une *réforme de soi*, une amplification de soi, une *quête vers* l'Amour et la Liberté par une conquête du rôle ou du personnage pour une possession de Soi. » Et ailleurs, Jouvet ajoute : « Tout ce que j'ai fait au théâtre, tout ce que j'ai cherché à connaître me laisse insatisfait... »

Pour aborder la structuration de l'espace scénique, je

reprends la réflexion de Victor Hugo : « Le théâtre est un point d'optique. » Pour moi, il existe dans l'espace du public du théâtre italien un « point d'optique » qui est la *place du Roi*, symbole d'une vision idéale. Le Roi doit être dans l'axe des événements, et il est le seul à les franchir en « **orthogonie** ». C'est-à-dire que le plan de profondeur du corps du Roi doit être surimposé sur (ou confondu avec) le plan médian de profondeur de la scène. De plus, le lieu de son corps doit être distancié de la scène de telle façon que du « gon » (« centre de gravité ») du Roi parte un angle droit (orthogone) horizontal lui permettant d'avoir la vision dite « parfaite » des événements sans avoir besoin de tourner la tête (« orthovision »). Sa perception de la scène, de la perspective, doit être parfaite. Cette perspective dite « parfaite » que le roi doit avoir de la scène, symbolise la perspective parfaite qu'il est présumé avoir du sens de la vie « ortho-perspective », c'est-à-dire de la conduite correcte de la vie. Autour du Roi, les autres spectateurs auront une vision hiérarchisée et plus ou moins en *« diagonie »* selon la place qu'ils occupent, construisant pour le même spectacle des images singulièrement différentes.

Dans notre structure théâtrale, je veux récupérer expressément cette notion concernant la place du Roi pour l'exploiter dans toute la symbolique qu'elle contient, me référant à Claude de Saint Martin : « Tout homme en se perfectionnant devient Roi. » Dans un premier temps, c'est le lieu habité par l'animateur-initiateur-thérapeute. C'est le lieu des lumières, et c'est de là que le clair-obscur de la salle est contrôlé. Dans un deuxième temps, n'importe qui dans le groupe peut s'asseoir à la place du roi, s'il assume le rôle de commander l'éclairage ayant ainsi une action sur le jeu. La façon dont ce rôle est tenu sera critiquée ou appréciée par les acteurs aussi bien que par le public.

Le lieu du Roi se confond avec la direction cardinale (cardo), le Nord. En face de lui, en approfondissant la scène, au *lointain*, c'est le Sud. Le *jardin* à sa gauche, est à l'Est. La cour à sa droite, est à l'Ouest. Pour comprendre l'importance de cette métaphore cosmique, *la place du Roi*, autour de laquelle tout semble se structurer, il faut remonter en deçà du temps historique pour essayer de scruter les « non-temps » des

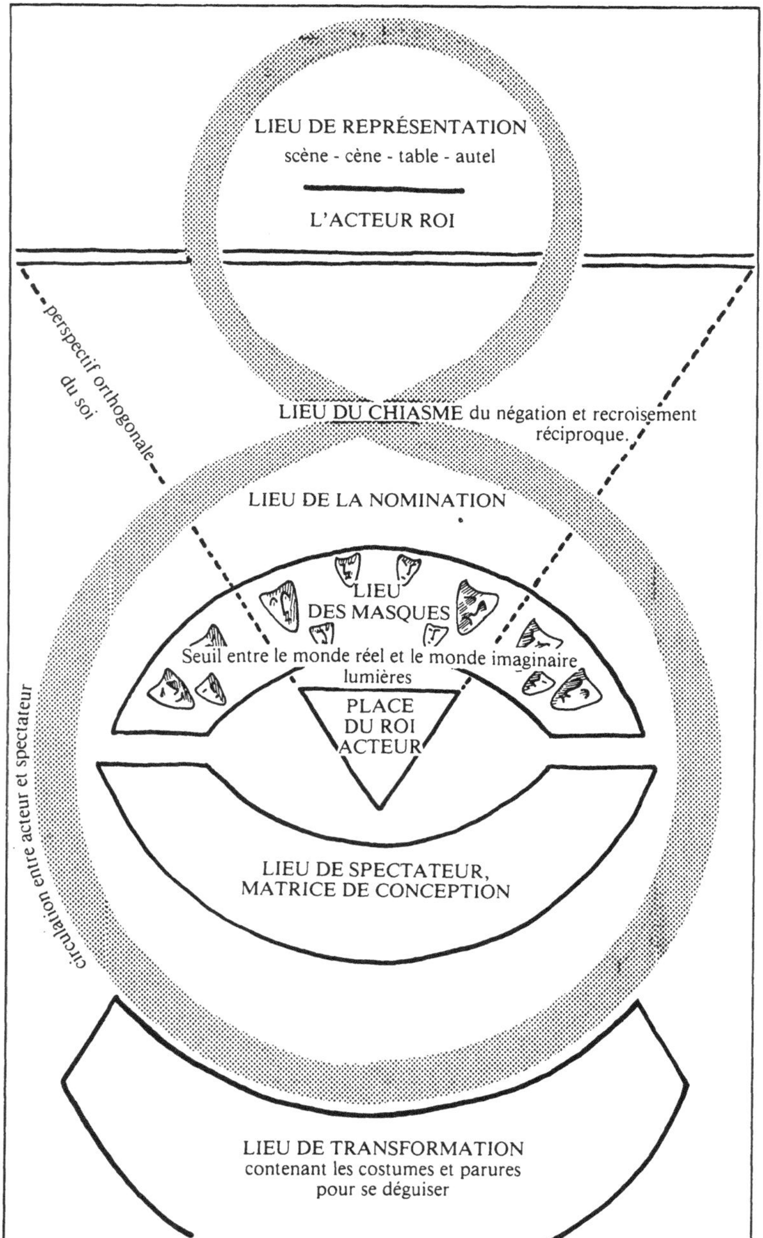
LIEU DE REPRÉSENTATION
scène - cène - table - autel
L'ACTEUR ROI
perspectif orthogonale
du soi
LIEU DU CHIASME du négation et recroisement
réciproque.
LIEU DE LA NOMINATION
LIEU
DES MASQUES
Seuil entre le monde réel et le monde imaginaire
lumières
PLACE
DU ROI
ACTEUR
circulation entre acteur et spectateur
LIEU DE SPECTATEUR,
MATRICE DE CONCEPTION
LIEU DE TRANSFORMATION
contenant les costumes et parures
pour se déguiser

mythes, pour interroger les rituels qui les expriment, avec leurs processions traçant les grands parcours nous inscrivant dans l'Autre Temps des traditions. Rappelez-vous que ce sont les Étrusques qui ont donné les premiers rites permettant d'établir un lieu sacré, primitivement le *templum* dans la nature, évoluant pour devenir le *templum* monument (architecture). Les chrétiens ont suivi les traditions déjà en place pour la construction des églises, érigées souvent sur un site déjà consacré à un rituel païen. L'église aussi doit être correctement orientée, avec son axe principal dirigé est-ouest ; l'axe secondaire (transept) est dirigé du midi (sud) au septentrion (nord), et c'est au septentrion, au nord, que le roi est assis, c'est-à-dire, au « polaire » du « solaire ».

Un vrai Roi est mort au monde. Le Christ devient *roi du monde* seulement par son passage dans le royaume des morts. La lumière de minuit du mystère du 21 décembre, solstice d'hiver, qui deviendra Noël, constitue les prémices et la promesse de cette lumière que sera le 21 juin, le solstice d'été, le midi annuel. Selon la pensée celtique, la patrie du Roi est située au Nord du monde. En Chine, le Palais Royal de l'Empereur était toujours adossé au mur Nord et ouvert sur le Sud. Une ancienne tradition veut qu'Apollon, dieu du soleil, vienne du nord, en tant que messager des Sages du Nord, des initiés du soleil caché au nord, où se génère la lumière increéée.

La signification de cette métaphore qu'est la place du Roi est transmise par initiation. Le Roi, au Nord, est absent et présent, toujours présent et toujours absent. « Ce Nord n'est pas un point cardinal ordinaire. Situé par-delà le nord géographique, il symbolise la plénitude spirituelle, la stabilité de l'esprit par rapport à l'errance et à la mouvance... Pour l'homme, le plus grand drame est "de perdre le Nord" ; un tel naufrage le prive de toute conscience. » « Le Roi, symbole du Maître, capable de témoigner de son intuition, vient du mystère et retourne au mystère. Il n'est ni propagandiste, ni missionnaire. Ses richesses ne sont pas matérielles, mais symboliques ; il incite les hommes à l'éveil, leur donne le désir de l'or intérieur. » « ... Le roi est médiateur entre la terre et le ciel ; il doit agir aussi bien sur le temporel que sur le spirituel. Il est celui qui crée, qui est l'initiateur... » « Cet initié, ce roi-prêtre, possède la Connaissance. Il connaît toutes les lois de la nature... il est chaman, homme-médecine, magicien... il se soustrait à la notion de l'espace-temps... » (La Confrérie des Sages du Nord, par Jacq Cristian, éditions du Rocher).

Les vestiges de la place du Roi continuent de hanter nos théâtres modernes qui ont abandonné leurs fonctions religieuses quand ils se sont tournés vers le spectacle profane, quand nos acteurs ont dissocié la fonction du prêtre, consacré aux mystères sacrés. C'est précisément à la place du roi que le metteur en scène-créateur se place pour diriger la construction de son œuvre. C'est de *là* qu'il aura la vision la plus complète de son travail. *Archétype du père*, de la puissance génératrice paternelle, qui sépare, différencie et donne forme en donnant l'« ordre », le metteur en scène (roi) peut représenter Dieu qui ordonne un royaume structuré. La *place* du Roi représente le lieu où l'axe vertical (l'axis-mundi) s'érige entre ce qui est en haut (réalité supérieure) qui va chuter, et ce qui est en bas (réalité inférieure), qui va monter. La chute et la montée passent au travers d'un homme Roi, qui aura pour devoir de réfléchir le royaume spirituel, de le propager dans les directions horizontales qui seront les parcours tracés concrètement par les actes humains.

On voit que la culmination du soleil réel a lieu à midi et au Sud, et on a vu que la place du roi au nord est la représentation symbolique du lieu du « soleil spirituel », conçu dans les traditions comme situé au lieu et au temps polaire du midi solaire, donc à minuit et au Nord. Le temps étant ce qui est invisible, nous sommes toujours obligés de le représenter par des signes visuels. En restituant la place du Roi, je place notre théâtre dans un espace et un temps symboliques. Au théâtre, nous sommes pris dans des temporalités différentes, celle du temps quotidien, celle de l'heure du spectacle, celle de l'imaginaire de la représentation, qui peut être le passé, le présent, le futur ou l'éternité, le temps symbolique.

Étant visible, même lorsqu'il est vide, on saisira mieux les dimensions de l'espace (scénique) que celles du temps. En nous référant à notre perception du soleil, nous allons maintenant découvrir que la scène, objet ou action regardée, et la scène, lieu où se déroule l'action, se structure en fonction de notre perception du temps. Le passé de la manifestation est symboliquement à notre gauche (le *jardin* de la scène, lieu d'où le soleil est apparu, lieu de naissance). Le présent (éternellement) est symboliquement devant nous sur le plan de profondeur, l'axe médian de la scène, le *cardo*. L'avenir est symboliquement à notre droite (la *cour* de la scène, le lieu où le soleil va toujours disparaître, lieu de la mort). L'accomplissement et la nouvelle genèse de la manifestation du cycle est en arrière de nous, dans les ténèbres utérines de minuit, du Nord.

On peut concevoir l'espace scénique horizontal, le plateau, comme le cadran solaire qui reçoit les empreintes mouvantes des ombres projetées par la course (dromie) du soleil dans le ciel. Ce sont ces empreintes, ces ombres, qui donneront les divisions principales du plateau. L'acteur, débutant au centre du plateau, sera la représentation de l'axis-mundi. Il est le double du Roi réellement présent dans la salle. Dans le noir de la nuit imaginaire, pour commencer, il est tourné vers le Nord, direction du public, direction du soleil de minuit, invisible, en arrière du public. C'est la représentation de sa relation avec le commencement de la manifestation. Si on l'imagine tournant avec l'étincelle de la lumière grandissante, tournant avec le soleil croissant, il va tourner vers sa droite pour être en face du soleil au moment de l'aurore, du lever, sur l'horizon à l'Est, à la gauche du public, direction *jardin* (symboliquement le jardin d'Eden est généralement situé à gauche de l'observateur dans une icône). Une ombre sera projetée du corps de l'*axis mundi* acteur. Cette ombre tend vers l'ouest et créera la première partie d'un axe ou *plan frontal médian* (axe qui sera parallèle avec le *front* du spectateur). Le frontal est ce plan situé toujours entre la gauche et la droite ; par exemple, le fronton d'un temple. Sur le cadran solaire, cette ombre devient la représentation de la position du soleil qui se lève, le soleil de six heures du matin.

Notre acteur, suivant sa position face au soleil, va continuer de tourner vers sa droite. Quarante-cinq degrés plus loin, il sera dans la direction composée du Sud-Est.

Son ombre tendra vers le Nord-Ouest, indiquant la position du soleil à neuf heures du matin. Cette ombre marque la *première diagonale* de l'espace scénique.

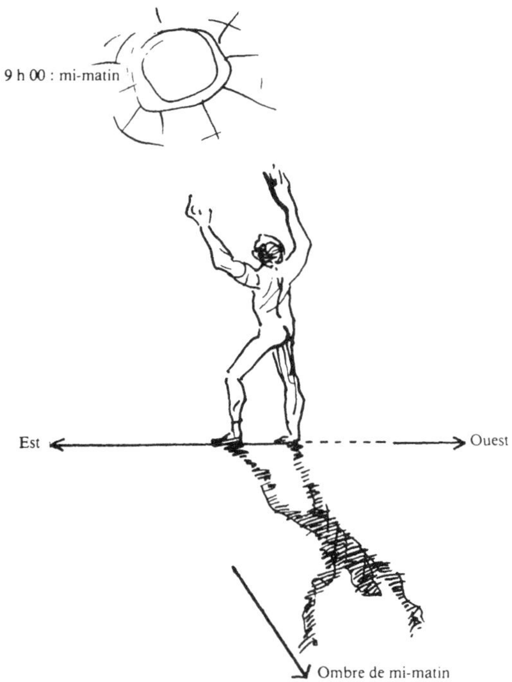

Toujours suivant le soleil, et quarante-cinq degrés plus loin, notre acteur sera face à un soleil directement au Sud et très haut dans le ciel. C'est le *midi.* L'ombre sera très courte en arrière de l'acteur, et vers le Nord ; elle marque l'axe ou plan de profondeur de l'acteur et du plateau, divisant l'espace en deux temps, celui d'où le soleil est venu (maintenant lieu du passé) et celui où le soleil va aller (maintenant l'avenir). La place du Roi est située sur ce plan permettant à sa vision de pénétrer de *près* et d'approfondir l'espace scénique jusqu'au *lointain.*

L'acteur, suivant le mouvement du soleil, continuera son mouvement dextrogyre encore de quarante-cinq degrés, jusqu'au Sud-Ouest. Son ombre tendra sur la *deuxième diagonale* du plateau, indiquant quinze heures (de l'*après-midi*).

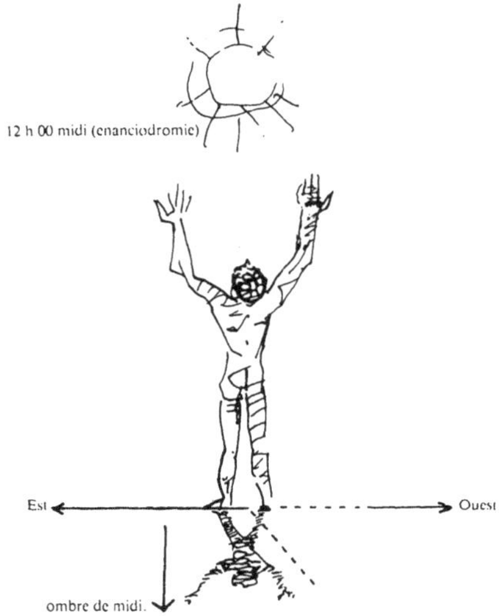
12 h 00 midi (enanciodromie)
Est
Ouest
ombre de midi.

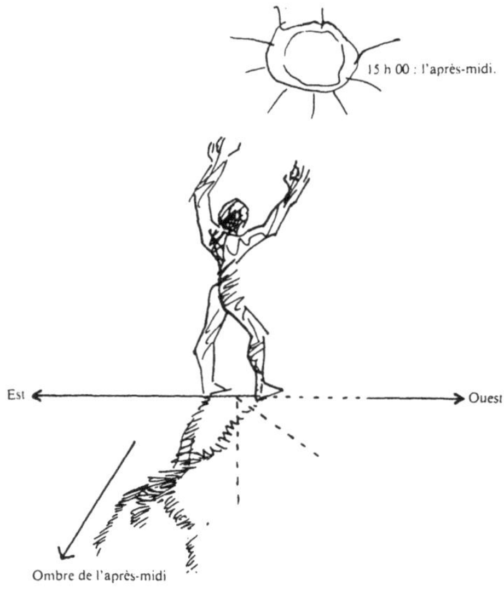
15 h 00 : l'après-midi.
Est
Ouest
Ombre de l'après-midi

Tournant toujours vers la droite, l'acteur suivra le soleil vers la position de sa descente sur l'horizon, à l'Ouest. L'ombre projetée complètera le *plan frontal*, marquant l'indication de dix-huit heures.

Après le crépuscule, le soleil n'est plus visible, mais l'acteur peut représenter sa relation avec la fin de la manifestation en continuant de suivre le soleil en tournant (« dextrogyre ») et en passant par le Nord-Ouest, qui est la direction de la « parole accomplie », jusqu'à ce qu'il soit à nouveau en face du public et du Nord, lieu symbolique du soleil caché, plongé quotidiennement dans l'invisible, lieu symbolique de la fin et du recommencement de la manifestation de la lumière. L'acteur, dans cette représentation, amène le public, situé dans le Nord obscur de la salle, symbole de la nuit, à suivre la lumière pour pénétrer le sens symbolique.

Les positions du soleil, avec les positions des ombres aux heures principales, l'*aurore* (6 heures) le *mi-matin* (9 heures), *midi* (12 heures), *l'après-midi* (15 heures) et le *crépuscule* (18 heures), ont opéré une structuration de l'espace associée à celle du temps.

Le spectateur situé en dehors de la scène peut (con)templer cette structuration, invisible, mais opérant dans l'inconscient. Il verra le plateau (vide) et ouvert. Le plan de profondeur médian divise le plateau en deux parties, celle de gauche et celle de droite. La trajectoire de la vision du spectateur va franchir la transparence du quatrième mur de la scène, passant par « ce » qui est *près* du spectateur pour arriver à la polarité de « ce » qui est *loin (lointain)* du spectateur. Le plan frontal médian, tendu entre les polarités de la gauche (passé) et de la droite (avenir) du spectateur, sera la trajectoire des allers et des retours, des retournements entre les directions symboliques de l'origine et de l'accomplissement. Le spectateur, idéalement situé à la place du roi, sera à la fois physiquement et psychiquement investi par son emplacement devant cette quadrature spatiale.

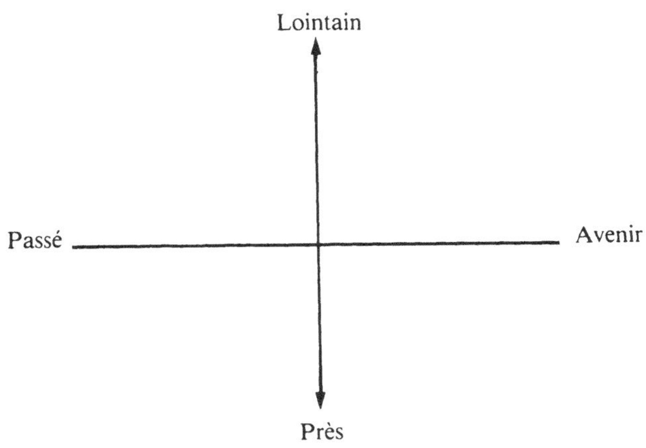

Quatre nouvelles aires symboliques vont compléter la figure. La *première diagonale* — appelée première, parce que c'est la direction des ombres diagonales du matin (9 h), lesquelles apparaissent *avant* (donc les premières), celles de l'après-midi (15 h) —, comportera deux nouvelles directions, ou lieux, celui de la « *genèse* », le plus loin et à gauche (dans le passé) dans le spéculaire du spectateur ; et celui en position de polarité, c'est-à-dire le plus près et à droite (dans l'avenir), et qu'on peut appeler « *direction demain* », (direction de la « parole accomplie »). Sur la *deuxième diagonale* apparaîtra la direction du « hier », lieu qui est près et à gauche du spectateur et en polarité avec le lieu directionnel du « projet », loin et à droite dans le spéculaire du spectateur.

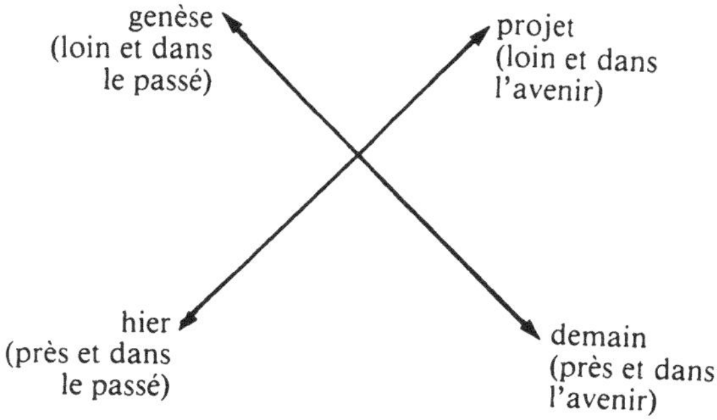

Quatre polarités apparaissent, 1) le *près* et le *loin*, 2) le *passé* et l'*avenir*, 3) la *genèse*, lieu et temps dans la direction le plus loin dans la profondeur (spéculaire) du passé et *demain*, lieu et temps près et dans l'avenir (spéculaire), puis 4) *hier*, lieu et temps près et dans l'avenir et *projet*, lieu et temps loin et dans l'avenir (spéculaire) du spectateur.

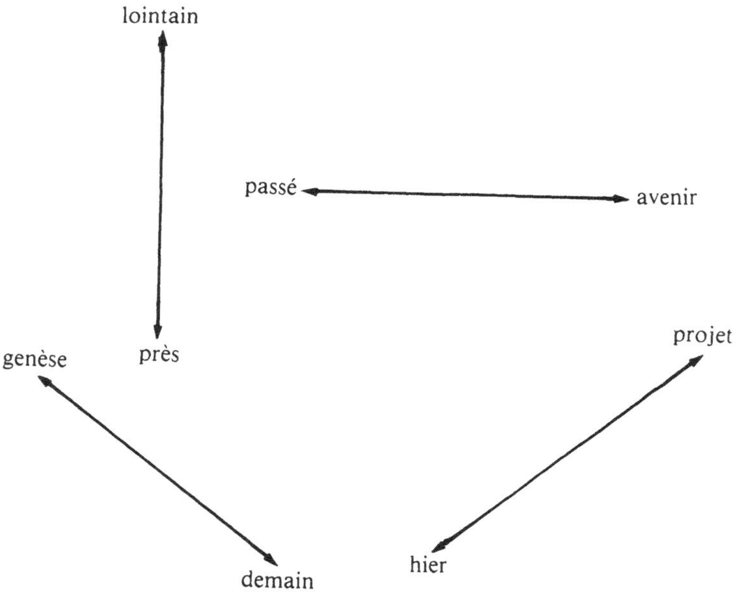

Ces lieux directionnels, icôniques et symboliques, feront apparaître des aires scéniques où il est plus ou moins cohérent de placer, ou de ne pas placer, une action. Il peut y avoir plu-

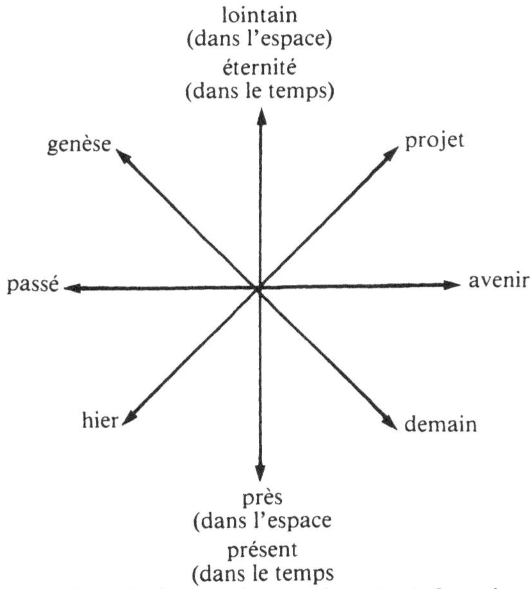

sieurs espaces imaginaires qui co-existent et fonctionnent tous dans un même lieu scénique. Sans vouloir, maintenant, approfondir ce sujet (qui sera traité dans un prochain livre), je nomme seulement quatre de ces aires.

1) « *L'aire de la genèse* », lieu idéal pour tout ce qui débute, pour tout commencement.

2) « *L'aire de demain* », lieu idéal pour le dénouement ou pour le « happy end ».

3) « *L'aire du hier* », lieu idéal pour l'action comique (action complexe qui dépend de la présence *près* dans le temps passé d'un objet angoissant (politicien ou dictateur, par exemple) et une pulsion sadique (régressive, donc vers la gauche ou passé) partagée entre le comédien et le public, qui sera sublimée dans une représentation... la fonction du comique étant de piquer (pulsion sadique) avec l'esprit et l'art, ce qui est devenu trop menaçant, trop « gonflé ». En riant, on décharge notre angoisse devant le spectacle du « dégonflement » du « gonflé », de la déflation de ce qui nous semble trop en inflation. Notre plaisir est de le voir piqué par la supériorité de l'esprit du comique.

4) « *L'aire du projet* », lieu directionnel idéal pour la tra-

gédie noble, aire possible pour ceux qui ont payé de leur personne pour un but altruiste[1].

Entre ces aires, il peut y avoir des circulations, des haltes, stationnement dans une aire avant de progresser ou de régresser dans une autre aire. Les trajectoires de circulation créeront des figures, des formes qui prendront l'espace, parmi lesquelles on retrouve le cercle, la spirale, la croix, le mandala, le labyrinthe, qui ont historiquement existé en figures dansées avant d'être réalisées en architecture. Ce qui importe sera le rapport créé pour le public par l'acteur dans sa façon d'investir ces différentes aires par ses allées et venues.

La structure à l'italienne permet aux figures d'être perçues comme dans un tableau ou miroir vivant. Le monde *clos* des spectateurs réellement présents dans la salle s'*ouvre* sur le monde de la représentation de l'imaginaire devenu « réel » et « là » sur la scène, investi par les rapports corporels des acteurs, par le déploiement de leurs jeux corporels de séduction, de pouvoir, d'abandon, etc. « Spatialiser le monde, c'est d'abord, rendre ce monde compréhensible, le rendre « théâtralisable » »[2]. Ce qui sera accompli en pratiquant les deux démarches fondamentales du *rêve* et du *jeu*, la **métonymie** et la **métaphore**, renvoyant l'une et l'autre aux référents de l'espace. On aura une métonymie quand il y aura déplacement, substitution, contiguïté, ou contraste d'un objet par un autre. Par métonymie, on suggère une association entre un objet ou une action théâtrale (réellement représentée sur scène) et son référant (qui n'est pas réellement sur scène), situé ailleurs et dans un autre temps. La métaphore sera la « condensation » par similarité ou continuité ou opposition de deux référents, deux métonymies ; un transport par analogie, qui rapproche deux sensations éprouvées à deux instants éloignés dans le passé. Par exemple, un comédien jouant avec un masque du soleil (1re métonymie) voile le masque avec du noir (2e métonymie) pour montrer, métaphoriquement, un état de deuil qu'il a vécu autrefois. Dans le processus métaphorique, un objet est comparé à un autre.

1. Voir Doris Humphrey, The Art of Making Dances, Grove Press, New York, 1959.
2. Anne Ubersfeld, Lire le Théâtre, Ed. Sociales, 1978.

Les psychanalystes attribuent à l'appareil psychique tout un échelonnement de formalisations spatiales, avec des superpositions, des stratifications et des imbrications. Ce qui est reproduit dans les rêves ou au théâtre, ce sont les structures spatiales qui représentent un champ psychique référant, par métonymie ou par métaphore, au rapport que l'être peut avoir avec le cosmos et la nature, avec la société et la culture ; qui exprime la position que l'être occupe dans ces espaces cosmico-naturels, socioculturels. Les espaces visibles et perceptibles ou cachés, mais réels, que les comédiens actualisent, sont, pour le public, un objet de perception, intuitive ou inconsciente, vécue par empathie avec plus ou moins de confort. Les spectateurs savent bien différencier les spatialisations des représentations qui se fabriquent essentiellement par la gestique, se distinguant par des schèmes spatiaux connotant la régression ou la progression, la dégradation ou la restauration, l'aliénation, la réintégration, la réparation, l'intérieur ou l'extérieur, le fermé ou l'ouvert, le zéro ou l'infini, le curviligne ou le rectiligne, le continu ou le discontinu, l'uni ou l'éclaté, etc. Outre les indications des figures et lieux géométriques, ces espaces sont en rapport avec la représention de quelque chose. Ils sont « icôniques », et soutiennent un rapport de similitude avec ce qu'ils sont chargés de représenter (métonymique) ; soit « icônique » d'un moment historique, soit d'un état psychique. Tout pourrait être figuré en image visuelle, plastique, statique ou dynamique, les parties et fonctions d'un corps éclaté ou unifié, les parties du moi, le Ça, le Sur-moi, le Soi, les Archétypes, les « objets partiels ». L'espace scénique peut être assimilé à un champ psychique où s'affrontent les mouvements de confusion, de division, de clivage, d'intégration, de réintégration, etc. Ce qui se découvrirait aux yeux du spectateur serait une série de jeux, de fantasmes spatialisés que le lecteur aurait à décrypter. Le lecteur peut le vivre comme diversion, exorcisme, catharsis, ou exercice. La *gestalt* théâtrale est un monde en réduction qui tente de transformer l'incohérent en ensemble signifiant. Ce modèle réduit permet au public de faire l'économie de l'expérience vécue en l'exorcisant ; elle permet de vivre, par procuration, des pulsions réprimées, les craintes et les désirs, le meurtre, l'inceste, la concupiscence, la luxure, le blasphème, sans en être « sinistré ». Tout ce qui est tabou peut être scéniquement et « obscéniquement » présent, mais à bonne distance. Selon Brecht « au point de l'identification maximale, la distance entre le spectateur et le spectacle doit être la plus grande ».

Le lieu du Chiasme se situe entre le public et la scène, il correspond, dans l'architecture du théâtre, au proscenium et à l'orchestre. En fonction de mes buts, j'organise ce lieu (virtuel) en trois parties qui ont chacune, une fonction différente : *le lieu des masques ; le lieu de la « paroli » ; le lieu du Chiasme* lui-même. En Grec, *chiasme* signifie croisement. Dans la réalité physique de l'anatomie, c'est le croisement des bandelettes du nerf optique ; en biologie, c'est le chevauchement et l'entrecroisement des chromosomes (A.D.N.) porteurs de l'hérédité, lors de la division cellulaire sexuée (méiose).

C.G. Jung a utilisé ce concept au niveau psychologique dans sa *Psychologie du Transfert*. Depuis, c'est Pierre Solié, psychosomaticien et psychanalyste, qui a généralisé le concept dans sa dimension psychologique pour décrire l'itinéraire double, horizontal et vertical, biologique et psychique, physique et spirituel de l'âme lors de son processus initiatique, commençant dans le chaos syzygique pour se métamorphoser en un cosmos différencié.

L'énantiodromie (inversion-réversion) contient des moments chiasmatiques, perçus comme des moments où la pulsion s'inverse en spirituel, quand le réel verse dans l'imaginaire, l'imaginaire dans le symbolique, le symbolique dans l'imaginal, ou vice versa.

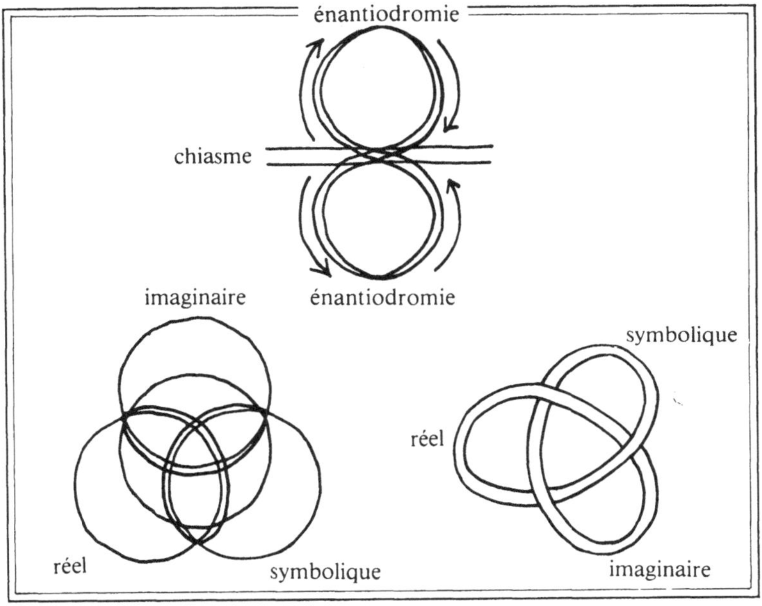

Dans la vie de chacun, besoins, désirs, s'« entrecroisent » dans un imaginaire confus, avec nos productions symboliques et nos actes réels. Pierre Solié, dans *Psychanalyse et Imaginal*, nous éclaire sur ces entrecroisements et parle de « ce qu'il en coûte à chacun de nous pour maîtriser le Chaos précosmogonique, cette bouche d'Ombre, ce Vide, ce Zéro, tout au lonng de la vie ». Dans la première partie, pour s'en différencier et l'ordonner, dans la deuxième, pour y *retourner* [moments chiasmatiques de l'énantiodromie] et de réordonner (réversio) en eschatogonie. Eschatogonie qui n'est qu'une nouvelle vision... [imaginale, sublimée de l'imaginaire originel primitif et fusionnel].

C'est intuitivement que j'ai situé spatialement lc travail du *retournement par le « paroli »* dans le lieu même du croisement des signes. C'était pour donner un « signe de signe », pour marquer formellement la « présence » au moment et dans le lieu où le signe se tourne *vers* l'autre.

Je répète que le croisement chiasmatique se trouve dans les réalités physiques anatomiques, dans les processus biologiques fondamentaux, et dans les processus psychologiques. Si je fais encore référence à ce concept, c'est pour l'appliquer à une partie de l'espace théâtral, celui qui est situé *entre* les spectateurs et le lieu de la représentation, c'est précisément parce que le phénomène du chiasme n'est pas étranger à la communication. Le lieu du chiasme, c'est l'espace indispensable *entre* deux zones scéniques (ou *entre* deux interlocuteurs) opposées pour qu'il puisse y avoir réellement la distance nécessaire au renversement du signe. Dans cet espace double, avec une zone investie par les acteurs et « consacrée » au jeu, et une autre destinée aux spectateurs qui reçoivent le jeu, une part de la communication provient du public. Le spectateur qui n'est pas passif, agit sur l'acteur, qui réagit sur le spectateur qui trie, sélectionne ou rejette en fonction de son vécu. A travers des expressions subtiles, mais perceptibles, les spectateurs exercent une action les uns sur les autres, et une action sur les acteurs, par des rebouclements de « *feed-backs* » d'entrecroisements. Une telle situation fait penser à une bande de Moébius, qui requiert notre attention pour distinguer l'endroit de l'envers, et l'extérieur de l'intérieur. Un jeu entre acteurs est toujours influencé par le public, et sans public le jeu serait différent. L'acteur, comme le spectateur, prend conscience de lui-même par l'image de ses actes, grâce au triple processus d'*identification*, de *distanciation* et de *dénégation*. Le processus chiasmatique renvoie le jeu et les réactions au jeu, comme dans une sorte de miroir (spéculaire) dans lequel chacun prend, pour soi, une réflexion psychologique. Le lieu précis du chiasme est le lieu, la surface virtuelle du miroitement.

C'était pour attirer l'attention sur les phénomènes d'entrecroisement, et pour signaler leur importance, que j'ai donné formellement le nom de *lieu du chiasme* à cet espace qui est nécessaire à l'éclosion de la (re)cognition. C'est à mon avis du même espace, celui du jeu, que Winnicott parle : celui qu'une « assez bonne mère » doit accorder à son enfant pour que sa créativité puisse éclore.

Près du public et face à lui se situe le *lieu des Masques* qui sont exposés en grand nombre, en demi-cercle, formant une enceinte ouverte vers les participants. Ces masques sont, dans tous les sens du terme, des objets transitionnels, et la façon dont ils sont présentés crée la démarcation entre le Réel et l'Imaginaire, entre le temps réel et le temps **mythopoémagogique**, entre l'acteur « agonisant » et le public témoin[3].

Les masques symbolisent les gardiens du seuil qu'il faut franchir quand quelqu'un se sent appelé à passer de l'autre côté pour se prêter à la « *représentation* d'un imaginaire », ayant quitté le « réellement *présent* » du public.

C'est aussi de l'autre côté, près des masques, qu'on trouve le *lieu* du « *Paroli* », lieu de la nomination. Après le jeu, les acteurs, encore remués par leur expérience, ne peuvent être réintégrés dans le public qu'après être retournés, par leur *paroli*, rejouant l'acte de leur corps par un acte de « bouche », langue et souffle, dénouant et renouant leur processus imaginaire, leur expression symbolique et leur vécu réel (ou, au moins, leur perception imaginaire de ce vécu). Il se peut qu'ils soient confrontés à un nouveau malaise... celui de la difficulté à parler. Peut-être vivra-t-on de nouvelles manifestations de trac ? Nombreux sont ceux qui éprouvent une véritable « agonie » quand il faut utiliser la parole devant un auditoire, même quand leur intelligence est suffisante, et leur acquis culturel abondant.

Pendant l'analyse du jeu, le lieu des masques a pour fonction de marquer la séparation entre les deux groupes. *Analyse* et *séparation,* ces deux notions, sont liées au lieu symbolique des masques qui jouent par cela même un rôle différenciateur (rôle qu'on leur a donné) entre le Même et l'Autre. Ayant cette fonction *diabolique* (celui qui divise), ils *symbolisent* (celui qui rassemble) les clivages pendant le processus réducteur du travail analytique de diviser, de mesurer, compter, couper l'expérience en morceaux, de décomposer les intentions, les actes, les associations. On scrute chaque composante du jeu tout comme notre comportement dans le jeu, pour situer com-

3. Le mot grec *poema* désigne différentes formes de création et pas seulement la création poétique. Le texte *mythopoémagogique* a été forgé par Anton Ehrenzweig pour décrire le processus initiatif et symbolique dans la créativité du moi.

ment il s'intègre au projet ou à l'absence de projet. Finalement, le travail d'analyse du « manifeste » dévie vers un travail d'amplification de tous les possibles du « latent » ; ensuite, on élabore une synthèse.

Comme, dans un deuxième temps le public entrera en « paroli » pour exposer son vécu, il est très important de conserver les deux groupes différenciés jusqu'à ce que l'entendement et l'en-tendrement synthétique entre (et par) les deux groupes soit terminé. Cette synthèse accomplie, les acteurs refranchiront le *seuil* pour être réintégrés dans « ce qui est plus que le possible : la réalité » du (réellement présent) groupe intégral. J'attache une importance particulière à ce passage, formel et conscient, entre le temps mythodramatique de la représentation *et* le temps réel *(hic et nunc)*. J'anticipe toujours ce moment en posant au groupe la question : « Quelle heure est-il ? » La réponse est signe du retour à soi-même dans l'ici et maintenant.

Le lieu du Paroli, de la nomination, chevauche les deux côtés du « seuil des masques ». Quand les acteurs restent de l'autre côté, c'est parce que le drame vrai qui les concerne va réellement commencer.

La fin du jeu amène le moment formel du changement de rôle pour tout le monde. Les acteurs ne sont plus concernés par les problèmes de représentation corporelle. Leur nouvelle tâche sera de nommer les événements réels, psychiques et physiques, qu'ils ont éprouvés pendant leur jeu, de saisir et d'expliciter leur imaginaire et les différentes formes (images) qu'il a prises pour s'exprimer.

Le public a aussi subi un changement de rôle (fonction), passant de celui de spectateur-jouisseur à celui d'observateur silencieux, dans l'acceptation d'une castration symbolique. Il reste, durant le temps du « paroli » de l'acteur, dans un rôle de récepteur, en *abstention* attentive envers l'interlocuteur. Idéalement, c'est l'écoute analytique-socratique. Elle est proposée ici, dans la pratique, comme exercice et discipline ; pour la cultiver, et pour donner aux sujets le sens de leur responsabilité. La part importante de cette écoute est la réception des messages, même si on ne les a pas compris. L'intention de les recevoir, de les partager, est déjà immense. Finalement, la pratique de cette discipline « d'écoute analytique sans acte d'interprétation » nous amène à découvrir et à accepter le fait que nous recevons rarement les messages, tout en percevant ceux qui nous font résonner.

Donc, les deux groupes sont assis face à face. Leur séparation va durer jusqu'à ce que chacun se soit exprimé, si c'est son désir. Les acteurs vont parler d'eux-mêmes devant ce public témoin. Ils vont remonter le cours d'événements du jeu, retracer ensemble les parcours, en rebouclant les nœuds pour les (re)déboucler. Ce qui a été figuré pendant le jeu, parce que jeu, a été reçu comme non-réalité. Grâce au lieu du chiasme, la distance scénique a placé le jeu dans une autre dimension, qui appartient davantage au monde du rêve et de l'imaginaire. Ce qui va figurer, maintenant, n'est plus le jeu, ce n'est plus la mise en scène, c'est la « prise de scène » dans laquelle on cherchera à découvrir le lien entre l'acte (« gestique ») l'image (montrée) et le mot (image parlée) ;... par quoi on cherchera à se (ré)incarner verbalement par notre parole. Le jeu et sa mise en scène étaient un prétexte pour réveiller les fantasmes. Le *« paroli »* va répéter ce que le corps a fait pour réveiller la conscience.

Par l'activité du jeu, le fantasme peut prendre corps. Les actes se structurent en un commencement, un milieu et une fin conduisant à une transformation perceptible. « Chiasmatiquement » cet engin perçu va, à nouveau, devenir représentation, au moment où j'exprime avec mes paroles ma remémoration d'actes passés. Et mes paroles seront aussi un acte moteur qui va les traduire en parole, et ma parole se retraduira en acte. Le jeu permet de dialectiser les rapports entre les situations archaïques inhérentes aux actes de communication : les *composantes extralinguistiques non verbales,* les *actes expressifs* ; les *composants infralinguistiques,* les *gestes mimiques* et les *attitudes posturales* ; et les *composantes phonétiques,* les modes de déploiement du souffle et l'intonation, ou modalité de la voix.

Libérateur de la corporéité, le jeu se compose toujours d'actes, de mimiques, de postures et de respirations, avec ou sans voix. C'est d'abord l'intentionnalité de cette corporéité qui sera explorée, parce que l'acteur a émis des informations sur lui-même, qu'il n'a ni l'intention de communiquer, ni conscience d'avoir émise. En écoutant le *contre-vécu* des autres acteurs et, finalement, le public, ou en se voyant dans un « visionnement » video, l'acteur peut connaître une révélation. Cette révélation sera souvent vécue dans la violence d'une « crise » de conscience déchirante, qui change radicalement notre façon habituelle de nous voir.

Plus que jamais, pendant le « paroli », les acteurs sont impliqués, le public aussi. La distance réelle entre les deux groupes est très réduite. Face à face, le *chiasme* est maintenu par le seuil des masques, qui sollicite qu'on enlève les nôtres, ceux qui nous cachent à nous-mêmes, qui nous protègent de ce que nous redoutons chez l'autre.

Le paroli a pour objectif la verbalisation des processus identificatoires et projectifs « impulsés » dans les jeux. Ce qui est particulièrement mis en évidence, se sont les phénomènes qu'on peut appeler de *résonance par empathie*. C'est notre capacité de « vibrer avec » et de comprendre les émois, les fuites et les retranchements, aussi bien que les épanouissements de l'autre, et de lui répondre par notre sentiment aussi bien que par notre (re)cognition. Cette capacité de résonner est partie constitutive de notre vie avec l'autre. Dans le processus de recherche du groupe, il suffit seulement de les nommer pour leur donner de l'importance, et pour permettre ainsi aux individus de prendre conscience de ce que ces résonances permettent une cohésion groupale ; même en présence de conflits interindividuels. Par résonance, on va observer la mise en route de chaînes associatives qui favorisent la remémoration du jeu, des situations personnelles du passé, et des configurations collectives du passé récent groupal.

Parce que le jeu qui vient de se terminer était éprouvant, les acteurs reviennent stimulés d'impressions. Leurs résonances associatives seront, tout de suite, plus disponibles, fluides, prêtes à éclater. Cet éclatement dans le verbal donnera de nouveaux sens au jeu qui, jusque-là, n'a pas livré toutes ses significations possibles, ni aux acteurs, ni au public.

Les sens nouveaux, glanés par le paroli, peuvent se répercuter en trois aires futures : soit en donnant une vision nouvelle aux souvenirs personnels qui ont émergé ; soit en donnant une pulsion nouvelle pour un prochain jeu ; soit en donnant une attitude de fuite, de blocage ou de défense.

Le paroli ne conduit pas toujours à une remémorisation et une nomination adéquate. Les verbalisations peuvent s'installer dans l'annulation, la réduction de soi ou de l'autre, concernant le jeu ou le groupe, dans une attitude hypercritique ou hypercomplaisante, ou dans des explications intellectuelles psychologiques « chosifiantes ». Ce comportement est hautement signifiant, et la tâche du meneur sera de le tolérer dans la mesure où le groupe peut l'assumer sans éclater. C'est souvent l'*« outsider »,* ou celui qui a tendance à assumer le rôle du « bouc émissaire » qui fera bouger les « choses » dans le groupe. Il n'est jamais nécessaire de créer artificiellement ce rôle pour « faire bouger ». L'animation doit se garder à l'écart de ces mouvements persécutifs qui peuvent émerger pendant la dynamique groupale, pour les démonter, s'il peut saisir le moment propice à une compréhension progressive et (ré)créative.

Comme dans le psychodrame, je propose un double mouvement : jouer puis parler, rejouer et reparler. A la différence du psychodrame, il n'y a aucune verbalisation concernant le projet *avant* de jouer. Si quelqu'un commence à parler de son désir concernant un projet, mon intervention consistera à dire : « Prenez un masque et montrez-nous ». De cette façon, ce qu'on va analyser sera, et souvent pendant longtemps, approche du désir de jouer et de la réussite ou de l'échec concernant ce désir. En suivant l'itinéraire de ce désir, le présent (ici) et le passé (ailleurs) vont renvoyer aux situations qui se chevauchent, et dont le contenu anecdotique est souvent disparate, mais qui lient les désirs conscients avec ceux qui, dans l'inconscient, créent le conflit et l'inhibition.

Contrairement aussi aux technique du psychodrame, il n'y a dans ma démarche aucune « préconception » concernant le sujet du jeu, ni celui qui va jouer. On attend, comme chez Pirandello, un personnage. Quand il arrive, on n'a aucune idée préconçue, aucune règle préalable : on est mû par son agir ou son absence d'agir. Le jeu est ouvert à celui qui a le désir d'entrer, qui a le désir de créer une insertion cohérente dans le jeu de l'autre (insertion cohérente au moins pour celui qui entre).

On cherchera ensuite à comprendre toutes les intentions de communication, les éléments d'information involontaires, inconscients, dont la réception est possible ou qui s'imposent au spectateur, en raison de l'intentionnalité, ou non, des signes. Le désir de chacun de revenir en arrière et d'analyser avec les autres l'évolution du jeu est spontané. Pour commencer, chacun se centre sur son jeu, le remémorant à haute voix, le cernant comme un « ensemble de sens » qui n'est pas encore perçu. Le jeu manifeste se réduit à une suite d'images verbalisées, donnant lieu à des amplifications faisant le tour du « latent ». Cette reconstruction des manifestes permet à chacun d'expliciter sa propre recherche, de dire comment il a perçu les autres, puis d'explorer les problèmes sous-jacents et les associations latentes.

Jouer, avouer, nommer, interpréter, théoriser, se reconnaître et découvrir qu'on parle plusieurs langages ; ce sont les langages et le langage qui sont l'objet de l'exploration. Si on pratique le jeu pour jouer autrement, pour mieux jouir, on parle aussi pour parler autrement, pour parler mieux ! Jouer ou parler, autrement et mieux, reviendra à modifier notre utilisation actuelle du langage, à se créer de nouveaux modes d'expression. Ceci ne s'accomplit que si la cohérence interne du sujet lui-même n'est pas recréée. Libérées par les jeux, les images naissent pour être cernées par la parole naissante. L'image ne peut être ni montrée ni décrite, si le sujet ne la voit pas intérieurement. Chaque imaginaire rendu *image intentionnelle*, geste ou parole, est une naissance personnelle, naissance jamais achevée, naissance de cet autre qui est moi, et qui émerge perpétuellement de l'inconscient que je porte en moi.

C'est vers les manifestations de l'inconscient que mon écoute de meneur se porte. Comment les reconnaître, les entendre, les saisir, les soutenir ? Elles sont révélées pendant les jeux, avant tout par ce qui accompagne les pulsions qui « agissent » le corps. Maintes fois l'acteur se met à jouer avec un projet précis. Puis, en route, son projet se transforme, et une toute autre action le surprend. Puis ensuite le « sens »... est à trouver ou à donner. Trouver ou donner le sens, c'est pour celui qui a joué le moment crucial du processus. Le sujet ne le voit pas tout de suite ; il faut du temps pour décoder et accéder au sens ; la compréhension peut n'arriver que progressivement, au cours des semaines ou des mois à venir. Puis le même jeu peut être porteur de « sens » différents, pour les différents protagonistes. Souvent, c'est le groupe qui perçoit les « sens » avant que le sujet ne soit prêt à les entendre. Mais il est possible qu'il refuse d'entendre, car il nous dérange ; ou l'évolution peut se faire, dans notre for intérieur, sans que la conscience y participe pour l'instant.

Le jeu a permis au sujet de produire des images et des signes, des scènes, de montrer puis de dire son propre rêve délirant, de le dire dans une ambiance permissive et empathique ; la co-présence de ceux qui regardent et de ceux qui écoutent, leur proximité corporelle, leur attention et finalement le partage de leur expérience, de leur parole, va compléter le processus. Cette dernière phase donnera l'expression verbale aux auditeurs pour que les acteurs puissent recevoir le miroir venant du public, et pour que le miroir-public puisse se décharger des réflexions reçues et contribue à l'entendement général. Chaque auditeur parle et cherche à donner un « sens », s'appuyant sur son vécu propre en résonance. Pour qu'on n'introduise pas de violence externe, il n'est pas question d'interpréter... et pour qu'on puisse s'exprimer authentiquement, on se donne le droit de parler en son propre nom *de ses projections*, pour partager ses réactions et associations.

Souvent les auditeurs ont attendu plus d'une heure pour, enfin, s'exprimer. Ayant maintenant la parole, ils exposent leurs propres implications. Ce temps du processus est aussi chargé d'une grande affectivité, et ils seront à la recherche de *leur* parole adéquate pour la communiquer. C'est leur discours qui va enchaîner le dialogue qui s'établit, maintenant, entre les deux groupes, et qui va œuvrer à la synthèse qui amène à la conclusion du processus jusqu'au prochain jeu.

Animateur, Initiateur, Thérapeute

« Toute cure psychanalytique profonde...
constitue une initiation individuelle
"sur mesure"...
et le psychanalyste subit
aussi son initiation nommée
"analyse didactique". »
Pierre Solié, Médecines Initiatiques
Épi éditeurs, 1976

En plus d'une longue expérience pratique des techniques de la représentation et d'une culture polyvalente concernant les arts et les sciences humaines, il est impératif, à mon avis, que l'animateur-initiateur-thérapeute soit préparé par l'achèvement d'une analyse en profondeur de son inconscient personnel, suivi d'un travail de contrôle avec un didacticien. Autrement, il s'expose aux dangers d'inflation ou de dépression, d'identification avec les forces numineuses en lui-même, ou avec les matériaux psychiques circulant à l'intérieur de ses groupes, ayant leur origine dans l'inconscient des participants ou du sien propre. Il doit être bien préparé à faire face aux épreuves rudes dans son corps aussi bien que dans son âme, et suffisamment fort pour accepter et encadrer beaucoup d'agressivité qui sera projetée et dirigée vers lui ; capable de garder son sang-froid, et en même temps préservant sa sensibilité envers l'autre et ses justes sentiments envers la globalité du processus. Moi-même, j'ai vécu des moments de danger réel, dont ma faculté de détente intérieure m'a sauvée d'une agression en puissance, et a également permis au stagiaire de s'exprimer jusqu'au *seuil* d'un *passage à l'acte.*

Dans les stages que j'organise, nous sommes deux animateurs, deux à insuffler le projet. Il arrive parfois, pour des raisons pratiques, que j'assume les deux rôles, celui qui initie aux travaux artisanaux aussi bien que celui qui encadre les jeux théâtraux. Idéalement, ma préférence va vers le partage de l'animation, de l'initiation. Ainsi, l'initié se trouve triangulé *entre* deux initiateurs, laissant l'espace de la relation ouverte avec l'un ou l'autre, voire les deux.

Si le terme *animateur,* celui qui insuffle le projet, est clair, le terme *initiateur* désigne ici, premièrement, celui qui met un individu au courant d'une science ou d'un art ; et deuxièmement, celui qui, selon C.G. Jung, accompagne l'individu dans son humanisation, sa différenciation, qui l'initie à ses origines dans la nature et l'aide à naître dans sa culture et dans l'individuation. Initier, c'est d'une certaine façon faire mourir ; l'initié subit une transformation, il meurt à ce qu'il était ; il naît dans un changement. Sa *voie* initiatique est une progression lente vers la réalisation intérieure des possibilités que l'individu porte en lui-même, à l'état virtuel : un éveil d'abord à toutes ses facultés normales. Les opérations de l'initiation s'expriment essentiellement par le symbole. La fonction originale des symboles est précisément cette révélation de l'être à lui-même.

Le travail proposé ici est présenté comme une psychothérapie d'inspiration analytique. Il s'appuie sur les principes théoriques et techniques de la psychanalyse jungienne sans réaliser, cependant, les conditions d'une cure psychanalytique rigoureuse. Idéalement, je préfère que l'individu suive une analyse personnelle parallèlement. Souvent mon travail sera une préparation à une éventuelle entrée en analyse. Mais pour ceux qui ne peuvent pas, ou ne veulent pas, ou même qui ont terminé une psychothérapie et éprouvent le besoin de faire un travail actif et pratique touchant l'expression de leur imaginaire, pour ceux-ci, nous exerçons, néanmoins, le rôle de psychothérapeute, *soignant de l'âme.* Généralement associée aux actes traitant les pathologies mentales, la psychothérapie n'est pas réservée au traitement des malades mentaux. Si toutes les psychothérapies reposent sur une relation thérapeute-client, tout le monde peut à un moment ou un autre de sa vie profiter de l'existence d'un lien de compréhension réciproque, permettant à l'individu d'exposer ses préoccupations librement, sans crainte d'être mal jugé, de se libérer de ses tensions en les exprimant, et de remettre en question l'image qu'il se faisait de lui-même. C'est avec ces objectifs qu'on assume cette troisième fonction, celle de psychothérapeute.

En accord sur l'ensemble du projet, les deux animateurs, Denise Voïta et moi-même, avons des rôles et des fonctions différents, quelquefois parallèles, quelquefois complémentaires.

L'*artiste-initiateur* avec son savoir-faire technique, doit avoir aussi une vision claire de ses pulsions narcissiques propres pour éviter de *se* faire valoir, utilisant le groupe pour magnifier sa gloire propre et sa jouissance personnelle. Dans l'histoire de la magie, l'humanité a toujours fait une distinction entre le magicien blanc, utilisant son savoir et son pouvoir au service de la communauté, et le magicien noir, qui utilise le sien pour lui-même. Il est probable que l'on commence tous, mus par la nécessité d'exprimer notre volonté de puissance, par être « noir », avant de pouvoir commencer le cheminement vers le « blanc ». Ce problème se pose pour chaque meneur : problème qui ne sera jamais réglé définitivement. La coanimation nous soumet à un certain contrôle grâce à la présence dynamique de l'autre, qui n'est cependant pas gênant. Il peut y avoir une violence latente (qui n'éclate pas de façon visible devant le groupe) entre les deux meneurs. Leur travail dans ce cas sera de se retirer pour s'examiner, s'analyser et se changer : autrement cette violence ayant son origine chez les animateurs, éclatera et se manifestera dans le comportement groupal. En règle générale, tout groupe, dans son comportement inconscient, sera le reflet manifeste du statu-quo psychique latent du meneur qu'ils ont accepté. Pour donner un exemple, dans un travail de groupe, un stagiaire nous avait fait, à tous, très peur. Personne n'acceptait de jouer avec lui. C'est seulement quand j'ai, moi-même, compris et surmonté mes propres projections concernant ma peur, que le groupe l'a accepté et lui a donné sa place, et ceci sans qu'une seule parole n'ait été échangée : c'est dire la densité du non-dit !

Donc, si les meneurs ont conscience de l'existence de leurs propres pulsions, ils deviennent capables de maîtriser consciemment leur désir de domination. Ils arriveront à cet *état de pouvoir* qui est de *donner de l'importance* aux stagiaires, à leurs désirs et à leurs projets. Pour cela, ils abandonnent tous leurs projets personnels concernant les thèmes qu'ils peuvent souhaiter. Ils laissent venir les thèmes du stagiaire et ils s'appliquent à les assister, à les aider à les réaliser, et à rendre manifeste ce qui est latent en eux-mêmes. Ils veillent sur leurs attitudes de jugement, d'évaluation esthétique et formelle, ou à la critique du raisonnement intérieur des projets. Leur vrai travail sera de favoriser l'itinéraire associatif du sujet à travers ses aventures avec ses productions. C'est l'itinéraire associatif qui, dans cette situation, est plus important que le produit lui-même. Devant toutes les sollicitations de dépendance, ils doivent se comporter comme des anguilles, esquivant les demandes d'interprétation ou de valorisation, évitant les pièges fusionnels. Leur tolérance doit rester inconditionnelle sur tous les thèmes projetés, en particulier lorsque ces thèmes virent vers l'horrible, l'épouvante, ou quand il s'agit des projections fantasmées du corps ou de la sexualité. Seule une attitude respectueuse devant et envers l'autre, même et particulièrement dans les moments de résistance, laquelle peut se manifester à travers la maladresse, la désinvolture ou la dégradation de productions. Évitant l'imposition systématique d'intervention technique, l'animateur s'applique à rester toujours disponible pour apporter son savoir-faire en réponse à la demande de celui qui ne sait pas encore (en corps) faire.

Les animateurs reçoivent et encaissent la symbolisation des relations transférentielles et la réussite de leur influence vers l'ouverture ou le blocage du stagiaire repose sur leurs capacités d'implication personnelle, de subjectivité assumée et de spontanéité envers les créations et les processus associatifs des stagiaires. Pendant le travail artisanal, des situations de grande angoisse surviennent (par exemple, la vision des visages embaumés dans les bandes de plâtre, évoquant l'absence, la blessure, la mort ; ou l'application des matériaux sur le visage est mal tolérée, provoque des sensations d'étouffement, d'évanouissement, des somatisations, etc.). Dans ces moments, la création d'un environnement adéquat susceptible de servir de support, et les attitudes apparemment sereines, mais concernées, de l'animateur, n'accompagnent pas seulement le sujet angoissé, mais réconfortent le groupe angoissé. L'apparent non-jugement de l'animateur sera décisif, aux moments régressifs qui se manifestent dans la volupté d'une « maculation » du corps avec l'argile (quand le temps est suffisamment chaud, on exploite cette pulsion en organisant un rituel de maculation de soi-même et des autres) ou avec la peinture, ou avec le bruit, en relation avec un élément stressant dans le groupe.

L'animateur responsable de la production des objets symboliques, masques ou autres objets de représentation, tient un rôle d'importance capitale. Il introduira la rencontre avec la *réalité* des matériaux, et accompagnera les accouchements des créations et des (ré) créations. L'individu qui occupe ce rôle est, indépendamment de son sexe réel, le plus maternel des deux animateurs. C'est « elle » qui panse les plaies et les bobos des doigts, résultat d'une mauvaise relation avec un outil ; c'est « elle » qui dirige le stagiaire dans ses efforts pour reconstituer un masque qui est sorti en morceaux de son moule-matrice ; c'est « elle » qui par sa façon d'être propre fait règner une atmosphère de sécurité dans l'espace où se produisent les rencontres avec l'inconnu de la matière, des outils et de soi-même. C'est dans l'échange avec « elle » que le sujet peut nouer, dénouer et renouer avec ses fonctions féminines, la fonction sensorielle et la fonction affective, se manifestant dans le processus créatif, dans l'enfantement d'un *autre,* dans l'enfantement d'un *soi.* C'est toujours « elle » qui sensibilise aux dangers (outillages coupants, peintures toxiques, plâtre qui peut boucher les conduites d'évacuation, etc.).

La présence de danger potentiel nous amène à la nécessité de certaines règles. Pour l'atelier artisanal, nous nous limitons à deux règles, ayant l'espoir que les stagiaires eux-mêmes verront les implications et les conséquences de leur application.

1. De toujours laisser chaque lieu et chaque objet utilisé, dans un meilleur état que lorsque nous l'avons trouvé ;

2. *de créer le silence* dans l'atelier pour que chaque créateur en puissance puisse se concentrer entièrement sur sa relation avec la matière, son projet, et son écoute de lui-même.

L'atelier n'est pas un lieu de gratification immédiate des pulsions et des désirs, et on décourage tout « bavardage », le considérant comme signe possible d'angoisse et de fuite en avant, avec le désir inconscient d'embarquer quelqu'un d'autre (fusionnement) pour fuir avec lui. On laisse la liberté de sortir de l'atelier quand on le désire : dehors, on peut bavarder autant qu'on veut si on trouve un complice... autrement toute tendance à enfreindre cette règle sera l'occasion de redemander la *création du silence* ; sinon pour soi-même, au moins par respect de l'autre. En énonçant ces règles, un contrat clair est instauré demandant aux intéressés de comprendre l'intention des animateurs et de choisir de rester ou de partir en toute liberté.

L'autre animateur, celui qui règle les jeux théâtraux et la récupération par la parole, la nomination, est, à mes yeux, représentant d'une fonction plus masculine, indépendamment de son sexe réel. C'est « lui » qui fixe les limites à tous les possibles, qui initie en ce qui concerne la structuration des espaces scéniques, qui expose les règles de jeu et de circulation entre les espaces réels et les espaces imaginaires. Ces règles s'imposent à lui-même, et il est censé les respecter. C'est « lui » qui conduit les stagiaires à lier, délier ou relier avec leur fonction de pensée toutes les péripéties de leur vécu sensoriel et affectif, pendant les jeux et pendant les nominations.

Pendant les premiers stages, c'est « lui » qui dans son corps occupe la *place du roi* dans l'espace théâtral et c'est « lui » qui braque les lumières pour révéler et mettre en valeur les improvisations, actes qui le situe dans l'Autre Symbolique. Encore (en corps) c'est « lui » qui est garant, qui fait rappel à l'ordre, à tout oubli de la règle *« de transformer la pulsion du passage à l'acte en acte de représentation »*. C'est « lui » qui tranche en cas de conflit grave, après avoir consulté toutes les tendances divergentes dans le groupe. « Il » est le représentant du *Chronos* en appliquant les décisions concernant le temps du groupe. C'est autour de « lui » que l'écoute analytique dans le groupe est coordonnée, lui-même étant le modèle de cette écoute. Sa disponibilité, sa neutralité et ses capacités de résonance pour saisir la production globale du discours, les matériaux verbaux, les attitudes corporelles, le non-dit et toutes les productions imaginaires, créera le ton et le mode d'écoute pour tout le groupe. Encourageant tous et chacun à exprimer ses projections dans la co-existence de la différence, il se permet d'exprimer, lui-aussi, ses interprétations, sous l'hypothèse d'une projection, spécialement quand la reconnaissance d'un sens par l'animateur peut produire un soulagement réel pour un stagiaire trop angoissé par les représentations qu'il a produites.

Finalement, l'animateur doit résister, autant que possible, à tous rapports personnels réels, dans la situation du groupe et en dehors, avec les participants, pour favoriser les rapports fantasmatiques et symboliques.

La raison d'être là, pour l'animateur, est de favoriser l'expression artisanale, théâtrale et verbale des stagiaires.

Un aperçu d'une suite de jeux

« Il ne faut jamais oublier que jouer
est une thérapie en soi. »
D.W. Winnicott, Jeu et Réalité
Éditions Gallimard, 1975

Dans ce chapitre, je tenterai de décrire neuf jeux qui se suivent l'un après l'autre jusqu'à la fin d'un stage. Pour éviter des indiscrétions envers les stagiaires, cette entreprise nécessite certaines précautions déontologiques. Le changement des noms, bien entendu. En tant que meneur, c'est mon rôle d'expliciter ce que tout le monde éprouve implicitement, la nécessité de pratiquer le silence concernant « notre secret de confessions mutuelles », signe de notre respect pour nous-mêmes et pour autrui. Je me propose, paradoxalement, de dépasser ma résistance propre habituelle pour parler « exotériquement » de ces acteurs en qui les jeux se jouent, les exposant à d'autres yeux que les leurs. Pour eux, le partage de l'implication a rendu les confessions possibles et supportables. Pour vous, lecteur lointain, je vous invite à nous suivre sans partager avec nous une part de vous-même. Ce que je risque, c'est de vous offrir une réification. C'est un risque que j'aimerais amoindrir concernant les personnes, leurs jeux et leurs vécus. N'était-ce pas Jean Cocteau qui a dit « Qui expose, s'expose ? » En ce qui me concerne, je prends le risque, espérant porter un témoignage qui peut aussi être un plaidoyer pour le développement futur d'autres théâtres ayant pour vocation *l'individuation de la personne.*

Tout au long de la rédaction de ce livre, je me suis engagée le plus souvent possible, à dire « je » pour assumer ma subjectivité, que je ne veux pas nier, même en faisant l'effort de devenir « objective ». Je sais, au fond de moi-même, l'illusoire subjectivité de cette quête pour devenir objective.

J'ai évité de parler trop spécifiquement de tel ou tel participant. Les détails trop personnels de ce qu'ils ont révélé dans leurs jeux et pendant leur paroli doivent rester secrets. Ils ont partagé dans la passion groupale, passion qui n'a rien d'un effondrement dans le collectif, d'une communication mystique. Je veux parler moins de la personne et plus des personnages qui ont évolué, des imaginaires transportés par les participants. Ce sont ces imaginaires qui ont évolué, et c'est à travers eux qu'on peut voir la trajectoire évolutive de l'individu. C'est que notre théâtron est un lieu de vision (lieu du spectaculaire) et le jeu peut être un acte visionnaire (spéculaire). Dès lors, c'est cette « vision sienne », cette « image sienne » qui est rencontrée et recontée.

J'ai vu jouer les autres et j'ai joué moi-même dans une gamme, un diapason, allant du plus bas, le plus laid et le plus maléfique jusqu'aux antipodes les plus contraires, le plus haut, le plus beau et le plus sublime. Les personnages les plus horribles, les démons, les brutes, peuvent se métamorphoser pour devenir « aimables » et lumineux ou vice versa ; des Mères Dévoreuses peuvent coexister dans une même scène avec des Sophia et, parallèlement, les Fils Amants avec les Pères et les Dieux-Pères.

Dans les jeux, il y a des moments inoubliables quand un participant récupère son respect de soi, ou qu'un autre assume la conscience d'une culpabilité et se met sur le chemin de la réparation.

Ce n'est pas seulement pour celui qui joue que l'image dans le jeu est agissante. Le spectateur reçoit l'image dans l'instantanéité. Souvent dans cet « instant » on récupère toute une scène qui existait en nous mais qui était resté occultée, et qui est révélée par une image semblable. Quand ceci arrive, il faut lui donner de l'importance au moment de la nomination. Il est important de le dire et de le redire, de le fixer avec la parole, pour l'empêcher d'être, à nouveau, refoulé ou occulté.

Les jeux qui seront exposés ont tous plusieurs années d'ancienneté. Ils sont devenus de « vieilles choses ». Ils appartiennent à un autre temps, à un ailleurs, aux individus qui ont tellement changé depuis ! Et comme tels, ils risquent moins de provoquer un retour de flamme. Dans leur ordre chronologique je nomme ces jeux : Les Fils Amants, Matrone et Fils, Séduction et Prise de Pouvoir par la Langue, Et la Femme créera l'Homme, La Mère Narcissique, Pile Sade ou Face Maso, Mère et Grand-Mère, L'Étoile de David, La Boucle (La mère morte/La Mort mère).

J'ai l'espoir que cette description directe des jeux, des joueurs et la reconstruction de leur *paroli* (à travers le mien) permettra de démontrer d'autres phénomènes adjacents faisant partie de cette pratique du théâtre. Le groupe qui m'a autorisée à parler de lui est allemand. Nous avons travaillé cinq années ensemble. Je les présente dans l'ordre de leur intégration aux jeux : Samuel, Dietrich, Christopher, Bernhart, Rudolf, Lotte, Marielle, Regina, Penthésilée, Wildtraub, Dorothie, Günther.

Les jeux décrits ici se situent dans la deuxième année et la quatrième rencontre de leur histoire groupale. Arrivant avec des masques fabriqués sur le thème proposé, « Vie et Mort », ils ont été surpris de constater que les jeux ont tourné autour de l'émergence d'un autre thème, celui des Pouvoirs... pouvoir de donner (ou non) la vie, pouvoir de donner (ou non) la mort, pouvoir de la femme, pouvoir de l'homme, de la mère, du père, des autorités. Les jeux ont exploité un grand nombre de situations de pouvoir et une certaine souffrance a débordé le travail formel des jeux pour s'installer dans la vie groupale réelle, engageant différents individus dans de rudes confrontations. Ce sont les neuf derniers jeux de ce stage que je décris maintenant.

Les Fils Amants : Samuel prend place sur la scène avec un masque qu'on peut prendre pour celui d'un transsexuel. Masque (fabriqué par lui-même) blanc avec les yeux très maquillés en noir, des cheveux noir peints en boucles et avec une bouche noire, boudeuse, de forme voluptueuse. C'est un visage qu'on peut imaginer dans les cabarets fréquentés par les prostitués-homosexuels. Samuel est habillé en collant noir, sexy, avec une tunique en velours rose. Dans ses mains, il porte une pivoine rose en pleine éclosion, érigée sur sa tige. Samuel me fait penser à Oscar Wilde vu à travers l'esprit et le pinceau d'un Beardsley (illustrateur anglais 1872-1898, aux sous-entendus décadents et morbides). Il était difficile de voir autre chose que l'esthète narcissique amoureux du venin qu'il secrète dans ses attitudes séductrices et répugnantes. Pendant environ cinq minutes il nous fascine, avant qu'un autre personnage ne vienne ; et durant ce temps, toujours proche du grotesque, il a exploré de multiples images d'un exhibitionnisme excessif. Son jeu a donné beaucoup de plaisir à lui-même et au groupe. Enfin, Dietrich arrive, portant un masque de sa propre fabrication représentant « quelque chose pas encore né ». Son grand corps d'homme est vêtu en femme exotique, et il danse comme pour séduire Samuel. Il montre qu'il veut la fleur qui va devenir maintenant (dans le main-tenant et provocateur de Samuel) l'objet de négociation, et qui va être offert, désiré, retenu, maintenu, refusé et réoffert, par tous les moyens de jouer et de jouir dans la volonté de puissance. Le jeu de Samuel est clairement de séduire *pour* refuser. Le troisième acteur sera Christopher, qui porte un masque d'or et d'argent (fabriqué pour représenter le Générateur, par Bernhart). Trois signes ornent ce masque :α ♌ ω. Ce troisième personnage est vêtu d'une robe de couleur safran, et il s'asseoit dans la posture du Bouddha méditant, loin de nous et à notre droite (lieu scénique symbolique du projet). La danseuse exotique s'agite pour avoir la fleur et, avec la complicité de l'esthète, finalement, la vole, pour, à son tour, l'utiliser dans le but d'intéresser le Bouddha, qui reste immuable. Finalement, la fleur est mise comme offrande séductrice dans les mains ouvertes du Bouddha qui ne la refuse pas, ni ne l'accepte non plus ; il laisse faire. Voyant sa fleur utilisée pour en séduire un autre, l'esthète la récupère avec irrespect, et même mépris envers le Bouddha. Le quatrième et dernier acteur, Bernhart, arrive. C'est son masque qui est porté par le Bouddha. Lui-même, anime un masque bleu représentant la « Souffrance, la Vieillesse et la Maladie ». Lentement et péniblement, il monte la scène pour la *deuxième diagonale* (trajectoire symbolique entre le temps symbolique d'*hier* et le *projet tragique*) vers le Bouddha. En route, il y aura une rencontre avec l'esthète qui manifeste du mépris... mais laisse tomber la fleur. Le vieillard la ramasse comme un objet miraculeux et précieux, puis en s'approchant du Bouddha, la met avec humilité dans le giron du Bouddha. Il prie devant le Bouddha qui s'anime, ouvre son regard, lève sa main et donne au vieillard une bénédiction, puis inclinant son regard, s'immobilise. Le vieillard frémit et part pour sortir du jeu (par la direction scénique symbolique du projet). Toujours en agitation fébrile, le danseur et l'esthète sont partis, chacun seul, (dans la direction scénique symbolique de la régression). Seul le Bouddha reste. Il plante la pivoine à côté de lui et la fleur semble devenir un cinquième personnage. Les deux, le Bouddha et la pivoine restent immuables, calmes en beauté et en puissance réelles. *Fin*

Les quatre acteurs masculins vont rejouer leur jeu par leur paroli par ordre chronologique de leur entrée sur scène. Pendant ce paroli, Samuel dit que « son projet était de représenter un personnage composite : Don Juan et Narcisse ». Dietrich a voulu représenter « le danseur sacré pas encore né à l'intérieur de lui-même ». Christopher « a voulu montrer un contraste à ces vaniteux personnages ». Et Bernhart est venu « en reconnaissance pour le témoignage que le Bouddha fait de toutes ces souffrances, ces impuissances, ces outrances. Il n'a pas projeté de recevoir une bénédiction, et il l'a reçue avec une véritable émotion comme une grâce descendant sur lui ».

Ce jeu était tellement clair sur le plan de la manifestation que le public l'a reçu sans décalage entre son interprétation et les explications données par les acteurs. Samuel été vu comme un séducteur, plutôt sadique, qui tourne en rond et termine seul et en régression. Dietrich était vu comme exhibitionniste, recherchant le *regard* de l'*autre*. Il a aussi laissé l'impression de terminer seul dans la régression. L'autonomie et la capacité d'une reconnaissance « élective » de l'*autre,* par le Bouddha, a plu au public qui a apprécié la manière dont Christopher est resté non « séductible » et sa façon de demeurer dans le *« lieu du projet ».* Bernhart a touché le public par son humilité désintéressée et la bénédiction fut prise comme le signe d'une véritable rencontre imaginale.

Ensuite le paroli de tout le monde a ouvert sur le latent du jeu pour reconstituer et explorer quatre mythes :

composition jouée par Samuel	(a) Narcisse, se mirant dans la source de sa mère miroitante. (b) Don Juan, le séducteur des mères, lui-même séduit par la Mère.
joué par Dietrich →	(c) Attis (et Cybèle) les fils qui s'autocastrent pour la déesse mère matrone.
joué par Christopher →	(d) Bouddha, fils amant (mystique) d'une déesse mère positive.

Matrone et Fils... Rudolf prend un masque représentant une « heureuse maternité » (façonné par Penthésilée). Vêtu en femme, il compose l'image d'une matrone avec une puissance extrême. Il pousse des cris en falsetto, comme les homosexuels qui feignent d'être violés. En même temps, sous ses jupes, on discerne un objet érigé qui ne laisse aucun doute sur son intention, ni sur sa provocation. Le deuxième personnage qui arrive est le masque de l'esthète transsexuel du jeu précédent (cette fois joué par une femme, Lotte). Habillé en collant noir et portant un grand chapeau noir d'homme, ce personnage arrive, chevauchant l'objet phallique du groupe, un javelot de combat de trois mètres. Cette arrivée sur scène était aussi obscène que possible, répondant à la première provocation de Rudolf par une provocation encore plus burlesque. Les acteurs n'ont pas manqué de jouer la complicité et le public n'en croyait pas ses yeux... comblé par les extravagances que les deux acteurs donnaient en spectacle pour exploiter, cliché après cliché, cette configuration de matrone phallique et de fils porteur d'une énorme volonté de puissance. Chacun bandant et brandissant les puissances apparentes, ou visiblement cachées ; puissances qui semblent servir deux projets, identiques, d'accaparer le pouvoir de l'autre. Quand le chapeau du jeune homme est tombé gisant à terre, la tentative de l'empaler, due à la matrone, l'a placé entre ses jambes et en arrière sur le javelot et, exploitant cette situation, ils nous ont donné une dernière image du diable et d'une sorcière volant ensemble vers un lointain sabbat. *Fin*

Ce jeu peut apparaître comme un divertissement... mais en réalité il est riche de contenus latents et lourds. Notre Rudolf ne comprend pas encore consciemment la différence entre pénis et phallus. La composition de son personnage jaillit d'une pulsion de montrer une *virago.* Son paroli (ainsi que ses attitudes envers les femmes du groupe) révèle qu'il hait les femmes (phalliques) réelles en même temps qu'il opère des séductions envers elles. C'est le masque de la « maternité heureuse » qu'il a choisi. Ce sont les femmes comme Penthésilée (qui a fait le masque), qu'il vise. Au moment de ce jeu (dans son évolution à lui), il n'a pas encore découvert qu'elle (l'archétype) le possède de l'intérieur de lui-même.

Mais il n'est pas le seul à être possédé par l'archétype de la « mère cruelle ». Penthésilée a choisi ce nom pour elle-même, pour se situer par rapport à certains de ses désirs dans sa vie propre. Dans la célèbre pièce de Kleist, le personnage mythique de ce nom était cette Amazone qui, amoureuse d'Achille, le tue, le déchire de ses mains et avec ses dents.

L'actrice, qui a incarné le deuxième personnage, a parfaitement coordonné l'image réponse, ce fils terrible, amant infernal, narcissique-phallique, corrélatif de cette mère outrageusement phallique. Dans son paroli, elle dit « qu'elle a composé avec Néron, Caracalla, Héliogobal et Alexandre ; tous amants de leurs propres mères (régnants tous) ; tous égorgés aux côtés de leurs mères (perte de pouvoir et de vie). Malgré le grand décalage de culture, de savoir et d'évolution personnelle qui a existé entre les deux acteurs, l'un et l'autre ont su, intuitivement, exister en image d'objet corrélatif, l'un pour l'autre.

Le fil rouge qui porte un sens était immédiatement apparent dans le choix du masque pour le jeu qui va suivre : jeu qui puise dans l'archétypal pour conduire vers le collectif.

Séduction et Pouvoir de la Langue : C'est l'acteur Dietrich (qui a joué « le danseur sacré pas encore né » dans le premier jeu) qui amène un masque de Rudolf (notre deuxième protagoniste) représentant « une langue-pénis » (Rudolf est enseignant de langues), pénis qui s'articule à l'intérieur de la bouche du masque. Son personnage vient comme un harangueur politique, celui qui séduit avec les paroles. Il le joue si bien qu'on prend trop de plaisir et on oublie d'aller jouer avec lui. Enfin Marielle prend un autre masque de Dietrich (masque ayant une expression bête, avec un sourire imbécile). Elle joue une clocharde simplette, et s'installe à la base du podium du politicien. Là, elle dort, poussant des ronflements gênants pour l'orateur. Plusieurs fois il tire la dormeuse, la refoulant ailleurs, mais elle s'arrange pour revenir toujours à sa place de prédilection. Enfin, l'orateur décide de changer l'emplacement de son podium... mais aussitôt fait, la clocharde accrocheuse est, à nouveau, ronflante à ses pieds. L'orateur reprend sa harangue un ton plus haut, gesticulant hystériquement avec sa langue-pénis articulée. Dans son excitation, il perd la langue-pénis (malicieusement de la part de l'acteur) qui tombe entre les mains ouvertes de la clocharde, laquelle, réveillée par la matérialisation de cet objet, simule de ne pas savoir quoi en faire. L'orateur ne semble pas remarquer que c'est la clocharde qui est la « main-teneuse » de sa langue-pénis. Comblé par l'arrivée d'un troisième personnage (Christopher, avec un masque exprimant la « naïveté ») qui l'écoute, l'orateur monte le ton et le ponctue avec des saluts des bras, saluts repris par son auditeur, qui semble s'identifier à lui. Ces saluts sont identiques au bras droit levé du salut hitlérien, pendant que la main gauche va couvrir le sexe, soit pour le protéger, soit pour s'assurer qu'il est encore là. Feignant enfin de voir que la clocharde joue, toujours bêtement, avec la langue-pénis, l'orateur la hisse sur ses pieds et lui impose à nouveau de saluer. Elle se laisse faire, saluant l'orateur en sautant d'un pied sur l'autre. L'audition béate du naïf et celle de la clocharde reçoivent les propos, toujours plus hystériques de l'orateur. C'est Lotte qui introduit le personnage suivant (masque de la « maternité heureuse »). Avec deux chaises couvertes d'une serviette blanche, elle a créé une poussette de bébé avec trois enfants (masques dedans). Aussitôt, sur scène, elle est devenue l'objet d'une nouvelle harangue élogieuse, faisant d'elle le modèle de femme dont la patrie a besoin. D'autres femmes sont venues pour augmenter l'auditoire et pour représenter les trois : K. *Kinder* (les enfants), *Küche* (la cuisine), *Kirche* (l'église) exaltés par l'orateur devenu *Führer*. Le jeu a attiré beaucoup de monde maintenant, et une confusion s'installe, jusqu'à ce que deux camps se forment.

a) Le *Führer* orateur et ses aides mâles, qui, chacun, veut posséder toutes les femmes.

b) La clocharde, toujours en possession de la langue-pénis du *Führer*, et les autres femmes avec des bébés.

A travers des situations de séduction, les deux camps essayent d'imposer leur loi à l'autre jusqu'à ce que les femmes s'unissent pour se révolter et chasser le *Führer* et les autres hommes. *Fin*

Le paroli concernant ce jeu a permis à une blessure de s'exprimer, blessure que le jeu a réouverte, blessure que tous les allemands portent en eux. Tous ces stagiaires sont les enfants de la période de la guerre ou de l'immédiate après-guerre. Avec eux, de stage en stage, on a rejoué, chaque fois, une autre version de ce thème, allant chaque fois plus en profondeur par la satire, pour vider un abcès qui, pour cette génération, reste probablement sans fond.

Le public a bien suivi la tentative de Dietrich de s'installer dans le pouvoir par la parole. Sa défaite par les femmes semble logique puisque Marielle (l'anima) qui a pris « maintenance » de son organe (langue) de parole, est une anima mal soignée, sous-développée, endormie et agissant puissamment par sa passivité. Christopher était identifié à l'être qui est un outil dans les projets d'un autre parce qu'il n'a jamais eu de projet pour lui-même, être candide qui s'identifie avec tous ceux qui semblent plus séduisants, et qui glissera dans le rôle d'auxiliaire, le fonctionnaire exécuteur agissant pour le pouvoir apparent, avec qui il est identifié. Le rôle de Lotte a permis aux femmes de nommer leur part de complicité avec le pouvoir montant. Elles reçoivent les projections de modèle vertueux, en tant que mère... mais, en réalité, ce sont elles qui modèlent les idéaux des vertus ; c'est d'elles que les fils reçoivent leur *surmoi*. Les membres de ce groupe, par ce jeu, peuvent explorer et exprimer comment leur propre humanité contribue à la foule, au collectif.

Et la Femme créera l'Homme : Régina porte le masque

qu'elle a façonné pour représenter « une déesse ». Elle mime qu'elle sculpte le corps d'un être humain. Dans un autre masque, façonné par Régina pour représenter « les pulsions », Christopher arrive. Il monte sur le piédestal devant elle, et il devient le corps qu'elle sculpte. L'amour va naître entre eux. Régina caresse son œuvre et « lui » la met dans toutes les positions qui lui plaisent, admirant sans cesse les résultats de ses ajustements. Lui, se sentant admiré et désirable, se laisse faire avec un plaisir apparent. Régina veut qu'il descende. Mais il feint que ce ne soit pas possible. Un troisième masque de Regina (l'oiseau), porté par Bernhart, arrive. Ayant porté une table sur scène pour qu'il puisse se placer très haut, au-dessus de Christopher, il s'intègre dans l'œuvre sculptée. Il reste sur une seule jambe et dans une attitude qui suggère qu'il veut voler très haut. Ainsi installé dans le jeu, son arrivée semble amener une grande frustration à Regina, qui mime d'enfermer ses outils de sculpteur dans une armoire... puis elle mime de fermer les lumières et elle s'en va, tristement. *Fin*

Le paroli a explicité que Regina « a désiré former l'homme de ses rêves (l'animus ?). Comme un Pygmalion féminin, elle était ravie qu'un homme réel ait compris son projet et qu'il soit venu l'incarner pour elle, bien qu'elle ait été un peu désemparée par le masque "des pulsions" qu'il portait, et déçue qu'il ne descende pas vers elle ; elle a eu cependant beaucoup de plaisir jusqu'à l'arrivée de l'oiseau. Le fait que l'oiseau se soit mis plus haut que son "œuvre" l'a rendue très triste, et elle l'a vécu comme la perte de quelque chose dont elle s'est sentie dépossédée, et c'est pourquoi elle s'est arrêtée, a abdiqué ».

Christopher a explicité « qu'en portant le masque des "pulsions", il a voulu profiter du piédestal pour montrer la valeur de ces objets, les pulsions ; que malgré le fait ennuyeux de ne pas pouvoir descendre, il a eu besoin de la sentir, en bas, agissant pour créer son propre objet désiré, qu'il a eu besoin et plaisir de sentir qu'il était cet objet ; que l'oiseau n'a pas dérangé son jeu, qu'il l'a vécu comme une partie de lui-même ».

Bernhart dit « qu'il a amené l'oiseau comme symbole de l'esprit libre et qu'il a vécu un malaise en voyant la *gestalt* de l'homme-objet pulsionnel sur le piédestal, qu'il a eu peur que Christopher ne descende trop rapidement. Il n'a pas voulu l'empêcher de descendre. Il a seulement voulu apporter d'autres attributs pour compléter l'image de l'Homme ». Quelqu'un dans le public a remarqué qu'en mimant de fermer les lumières, Regina a donné l'impression qu'elle fermait sa conscience, qu'elle refoulait les possibilités spirituelles pour l'Homme.

La Mère Narcissique : Ce jeu sera une tentative pour Penthésilée de répondre à la manière dont Rudolf a utilisé son masque de la « maternité heureuse » dans le jeu Matrone et Fils.

C'est encore un masque de Regina (la Reine) qui sera choisi par Penthésilée pour lui permettre de s'installer dans son personnage protagoniste. L'image qu'elle compose est celle d'une belle femme, portant, avec fierté un enfant enroulé dans un lainage blanc. Il nous semble que l'enfant sera aussi beau que la mère et que cet enfant contribue à l'image de la *maternité heureuse* que Penthésilée se donne à elle-même. Il nous semble évident qu'elle veut nous montrer la « beauté » du couple « mère-enfant ». Sa relation à l'enfant semble « apparemment » bonne, elle le regarde, lui parle, le touche, le soigne. Pourtant, dans le public, il y a des mouvements d'exaspération ; quelque chose cloche. Continuant son jeu, Penthésilée ouvre le lainage blanc qui entoure l'enfant. Elle l'étend à terre, faisant un lit dans lequel elle s'allonge avec le bébé dans ses bras. C'est à ce moment que Dietrich arrive comme antagoniste. Il est habillé d'une chemise de nuit blanche. Il porte le masque d'un enfant. Tout de suite le public a compris et approuvé son projet. Il est venu pour incarner le bébé. Mais Penthésilée ne le comprend pas. Elle le repousse et le traîte comme un enfant plus âgé ou même comme un mari non-voulu. Vu du côté du public, il nous semble qu'une part de leur problème de communication vient de Dietrich, qui agit corporellement comme un bébé, mais qui pousse les cris d'un enfant plus âgé. C'était clair qu'elle ne l'accepte pas comme son bébé... mais elle ne le chasse pas non plus. De temps en temps, elle semble s'obliger à s'en occuper comme du sien... mais lui, il veut être *dans les bras* de la mère. Enfin, il a ajusté ses cris, qui ne laissent plus aucun doute : c'est un bébé pleurant, un bébé en manque et cherchant un objet réciproque. Côté public, il y avait une très forte consternation. Les instincts parentaux des spectateurs veulent répondre, si Penthésilée continue à se cramponner à son enfant imaginaire. Non, elle ne veut pas l'abandonner pour s'occuper de cet enfant réel qui la dérange vraiment. Elle cherche à s'évader, à le divertir avec un objet qu'il accepte et suce, mais avec une apparente frustration. Un troisième personnage (joué par Wildtraub) représentant un enfant de trois ans, apparaît sur scène. Les deux acteurs « enfants » sont complices pour jouer la violence de la rivalité, et chacun se met à crier plus fort que l'autre. La belle maman se trouve très éprouvée pour garder sa belle image de bonne mère, entourée de ses deux monstres cannibales qui essayent chacun de la posséder. Dans le public, la tension monte. Tout le monde semble vouloir faire quelque chose pour les enfants, en rapport à une image insoutenable d'une mère perçue comme narcissique. Puis Dorothie entre en quatrième personnage pour représenter un mari autoritaire et possessif, qui veut la maman à lui. En cinquième personnage, Lotte vient avec un masque rose (façonné par Günther pour représenter un *Utérus*). Elle est couverte d'un grand lainage doux, de couleur rose, qui tombe autour d'elle comme une tente énorme. L'image entière représente un Sein et le masque devient le téton. Le bébé, qui était Dietrich, a instantanément compris ce personnage. Il a rampé jusqu'au Sein qu'il tête jusqu'à satiété, puis s'endort, blotti dans les bras de laine rose du Sein. Entre temps, l'autre enfant et le mari poursuivent la « belle maman » de leurs demandes.

Le bébé, ayant têté et dormi, se met à grandir. Passant par les quatre pattes, il vainc les difficultés de la station debout, puis il marche... et il entre en compétition avec les autres demandeurs, pour la mère... mais c'est maintenant une demande sexuelle qu'il manifeste. Ceci est devenu trop pour Penthésilée, qui s'est échappée du jeu, poursuivie par l'autre enfant et le mari. Restent, sur scène, le bébé devenu adolescent, et le Sein. L'acteur qui exprime cet adolescent va, ensuite, éprouver une pulsion, le désir de fusionner qu'il représentera. Il se tourne vers le grand Sein. Il y aura complicité entre les deux acteurs. Le Sein, manipulant les plis de sa grande tente, présente une fente ouverte. Elle se transforme en grotte séduisante. Le jeu se fait à plusieurs niveaux, on peut imaginer le jeune homme nubile séduit par l'ogresse dévoreuse et la complicité de cet utérus avec le désir de celui qui veut retourner dedans. Il disparaîtra dans la fente, sous les plis de la jupe du Sein. De là, viendront des grands bruits d'une double dégustation. Qui peut manger *le plus de l'autre* ? Le Sein tient réellement le corps du jeune homme, jusqu'à ce qu'il éprouve le vécu réel du danger, jusqu'à ce qu'il désire sortir, envahi par la panique et que son désir d'échapper arrive à **l'acmé** et qu'il se débatte pour sortir. Ceci est un jeu corporel de contact entre les deux corps, mais qui n'est jamais un *passage à l'acte* parce que les deux acteurs restent conscients de vouloir représenter le danger de la *syzygie.* Le corps à corps était très violent jusqu'à ce que le jeune homme échappe et s'éloigne le plus possible du Sein, où il soigne ses blessures symboliques. Le Sein se dégonfle, s'aplatit et s'éclipse du jeu. Puis, image par image, le jeune homme crée pour le public une progression allant de l'infantilisme dépendant jusqu'à l'autonomie adulte. L'image finale était celle d'un sujet harmonieux et conscient, qui regarde vers le public dans le calme de la possession du Soi.

Le paroli qui a suivi s'est centré sur « Qu'est-ce qu'une mère narcissique ?» Tout le monde se trouve impliqué, soit en s'identifiant avec les enfants du jeu, soit dans la manifestation de leur vie parentale, beaucoup étant de jeunes parents. Pour Penthésilée, elle était étonnée et blessée par les événements que les autres acteurs ont amené à sa proposition de jeu. Elle a réellement désiré jouer « en beauté », et son jeu lui a échappé. Elle a aussi désiré se montrer autrement qu'elle ne s'est aperçue à travers son identification avec son masque dans le jeu de la Matrone. Il était difficile pour elle de reconnaître que les germes, pour la suite du jeu, étaient dans sa manière propre de jouer, et que c'est précisément cette manière qui a fécondé les réponses venant du groupe. Elle a vécu le jeu comme une frustration, parce que tous ses partenaires successifs l'ont délogée de l'image qu'elle voulait donner d'elle-même. Mais elle était capable de cerner, en elle-même, l'existence du problème de la mère narcissique, et de trouver le rapport avec certaines manifestations troublant sa vie maternelle réelle.

Le jeu a permis a Dietrich d'expérimenter en lui-même l'enfant en manque, de rencontrer une mauvaise mère *et* une mère archaïque, d'expérimenter la fusion et le besoin de sortir pour grandir vers l'autonomie.

Wildtraub a pris du plaisir à narguer la belle maman, à la faire descendre de son faux *idéal de moi*. Dorothie a aussi désiré faire tomber ce masque de la belle maman, et pour elle le mari possessif était un animus négatif, corrélatif de la féminité infantile du protagoniste. Lotte a désiré répondre aux manques de n'importe qui, jouant en répondant à toutes les demandes.

Pile Sade ou Face Maso : Le masque utilisé pour représenter le « mari autoritaire et possessif » du jeu de Penthésilée va retourner en scène comme protagoniste, joué par Bernhart. Actuellement Bernhart porte deux masques. Celui déjà joué pour le mari, qu'il met sur le visage quand il veut montrer son état « normal, convenable », ce qui est « socialement acceptable ». L'autre masque, il le met quand il veut montrer qu'il devient diabolique, qu'il est envahi par ses calculs pour « avoir », par ses plaisirs cruels, par ses convoitises érotiques. Bernhart amène aussi avec lui la figure d'une femme crucifiée sur un bâton. Dans un premier temps, il l'érige en position élevée et verticale, devant laquelle il montre de l'adoration et de la crainte respectueuse, portant le masque du « convenable ». Puis dans un deuxième temps, il change de face (masque) et, en diable, il fait descendre la femme, la traîne avec violence, la bat et la viole. Plusieurs fois, il fait alterner ces deux états, inventant de nouveaux chemins pour rejouer le même scénario. Gunther arrive en antagoniste, habitant son propre masque de « peur et de colère ». Il amène deux masques de femme, l'un représentant « une jeune fille vierge » et l'autre « la reine », masque utilisé par Penthésilée dans le jeu précédent. Il est habillé en moine, avec une cape marron, et il présente les deux masques féminins sur une étoffe violette, pliée. Il joue parallèlement au protagoniste, avec les mêmes gestes. Il montre les masques, l'un ou l'autre, empalés sur des bâtons. Il se prosterne en révérence et il s'inflige des coups qu'il se donne à lui-même. L'étoffe violette est tombée et Günther l'oublie. Cet abandon de l'étoffe va féconder l'imagination de Lotte, qui vient en troisième personnage. Elle est habillée d'or. Son visage est voilé, mais sans masque. Elle se couvre avec l'étoffe violette (abandonnée par le moine, mais lui appartenant). L'étoffe violette la couvre de la tête aux pieds, cachant ses vêtements dorés. Voilé et sans masque, ce personnage semble demander au moine de lui donner un des masques qu'il adore pour qu'elle puisse l'incarner. Pour le public, il était clair qu'elle attendait de lui une identité, et qu'elle souffrait d'être sans visage. Mais le moine ne comprend pas sa demande, et il recule devant chaque tentative qu'elle entreprend pour entrer en relation avec lui. Puis la femme voilée se trouve entre les deux hommes (celui ayant deux visages : l'un convenable, l'autre diabolique), qui centre son jeu sur *un* masque de femme ; et celui ayant un visage de moine centrant son jeu sur les deux masques de femmes, « vierge » et « reine ». Le protagoniste (Bernhart) la prend pour « la Mort » et il est envahi par la pulsion de violer la Mort ; mais dans la violence de son ravissement, il se donne, à lui-même, la mort. C'est seulement au moment de cette mort, que le moine commence à comprendre la demande de la femme voilée en violet... qui, pendant qu'elle était l'objet du diabolique protagoniste, n'a jamais cessé de réclamer au moine qu'il reconnaisse sa quête. Femme *voilée* et *violée,* la gloire de sa robe dorée cachée par le violet... Maintenant elle s'éloigne. Pour elle, c'est trop tard, déjà elle se retire, défaite, comme aspirée en arrière. Elle recule sur la *première diagonale* (direction symbolique de la régression) exprimant par cette trajectoire, en reculant, le refoulement de son existence. Ses mains se tendent toujours vers les masques féminins du moine.

Un quatrième et cinquième personnage, une jeune femme et un jeune homme, entrent sur scène séparément, mais formant presqu'immédiatement un couple. Les deux couples : le moine et la femme voilée, la jeune femme et le jeune homme, développent des relations différentes. Le jeu des deux couples se fait sur la *première diagonale,* celle de la *genèse,* du *demain* (*voir chapitre sur l'Espace/Temps.), comme si chaque couple représentait une polarité différente d'une même activité. Le jeune couple se rencontre, se désire et part ensemble en avançant sur la trajectoire vers la *direction demain**.

Pour ce faire, ils doivent passer, ils doivent enjamber le corps du diable mort. Reculant dans la direction opposée, la femme voilée tend toujours ses mains vers les masques non-habités que porte le moine. Arrivée au fond du *lointain** et à notre gauche (gauche du spectateur), elle attend, comme si elle gardait un dernier espoir de recevoir une identité de lui. Dans l'espace scénique qu'elle occupe, on peut *naître, être refoulé, régresser* ou *re-naître* symboliquement. Là, elle est suivie par le moine, qui exprime une grande consternation et qui cherche comment arrêter la fuite de la dame. Il tend sa main libre, implorante, vers la dame, puis, comme pour l'empêcher de disparaître, il prend la main de la dame. C'est au moment où il l'a réellement touchée que l'autre couple s'enlace pour danser. C'est en dansant qu'ils sortent vers la direction symbolique de *demain*. La femme voilée et le moine restent ensemble à l'autre polarité de l'espace, attentifs l'un à l'autre, leurs mains se touchant. *Fin*.

Le paroli s'est centré sur les projections que l'homme peut faire sur la femme, vierge, mère, putain, reine régnante, reine déchue, etc. et sur les connexions que ce jeu peut avoir avec les jeux précédents. Un rapport a semblé évident à tout le monde : Les fils souffrent avec les mères, soit les fils de la puissance, ceux que Pierre Solié appelle les « fils animus », soit les fils de l'importance, ceux qu'il nomme les « fils anima ». La souffrance des fils s'exprime par des voies différentes, les voies de la puissance donnant les hommes d'action..., celles de l'importance donnant les mystiques. Les deux voies sont les deux façons d'émerger de la mère toute puissante.

Mère et Grand-Mère : Le protagoniste est Dorothie, qui a joué le mari autoritaire et possessif avec Penthésilée. C'est elle qui prend, maintenant, le masque de la *« maternité heureuse »*. Elle nous convainc par sa façon de jouer, qu'elle est la bonne mère. Elle est sereine et simple. L'enfant est dans son berceau. Sa mère chante tout en triant des lentilles. La scène est très satisfaisante et donne à Bernhart (celui qui a violenté les femmes-objets dans le jeu précédent) le désir de jouer encore. Il vient avec un masque de vieille femme (masque fait par Penthésilée) pour jouer une grand-mère qui sait « tout », qui sait « mieux » comment il faut faire. Le jeu est resté léger ; néanmoins, elles ont effleuré de vrais problèmes concernant la rivalité qui peut exister entre la vieille mère et la nouvelle mère. Cette vieille mère, jouée par un homme, était superbe et elle a produit des émotions violentes dans le public... émotions de haine et d'agressivité... et quand la jeune mère a rusé pour récupérer son enfant et son pouvoir propre (que la grand-mère avait usurpé) le public l'a approuvée avec enthousiasme. *Fin*

Ce jeu a permis un paroli tournant et retournant autour de la perception du « pouvoir des mères », ce pouvoir de donner de l'importance à l'autre (l'enfant, le mari, la parole du père), ou de garder le pouvoir et de se donner narcissiquement de l'importance.

Étoile de David : Regina a choisi le masque d'une jeune femme pour son projet de construire l'Étoile, le « *Judenstern* ». Regina est juive, et ce jeu sera très important pour elle. Apportant six longs bâtons, elle les arrange, se donnant certains problèmes de forme à résoudre. Durant son travail, chaque fois qu'elle est près de réussir, d'autres personnages viennent, pour l'empêcher, pour la décourager. Ils essaient même de détruire l'étoile en construction. Mais elle résiste et fait face, et même elle chasse ses persécuteurs, puis elle répare les dommages causés à son étoile. Quand l'étoile est parfaite, elle s'assied au centre. De là, elle regarde le ciel dans toutes les directions. Elle contemple les étoiles du cosmos. Puis, elle sort de son étoile et la contemple. Elle la trouve bien, et elle exprime sa fierté. Un deuxième personnage, une jeune et belle femme (Wildtraub), la rejoint et partage l'admiration pour le travail accompli. Elles commencent à danser, se tenant les mains. Elles sautent joyeusement dedans, puis dehors, et autour de l'étoile. *Fin*

Ce jeu était d'une grande simplicité. Tout était clair. Le paroli a montré que la reconstruction du « *Judenstern* » était vécue comme une réparation nécessaire et bénéfique pour tout le monde. C'est ce jeu qui va ouvrir la voie pour le dernier jeu de ce stage. Ce dernier jeu va rejoindre le thème « Vie et Mort ». C'est un jeu qui va prolonger, d'une façon plus grave, la double problématique : être aujourd'hui, Juif, né et survivant en Allemagne, être, aujourd'hui allemand, confrontant consciemment les actes qui ont fait l'histoire de nos parents.

J'appelle ce dernier jeu *« La Boucle », (La mère morte/La Mort mère).* L'acteur protagoniste est Samuel, qui était l'esthète dans le premier jeu. Il est polonais et juif d'origine. Son enfance a été marquée par les suites des terreurs hitlériennes.

Il apparaît sur scène, portant un masque qu'il a fait pour représenter la Mort. Son personnage est une femme vêtue en vert (couleur de l'espoir). Cette femme est sur le point d'accoucher, et elle cherche où s'abriter. Samuel nous montre la Mort agonisant et souffrant. Il (elle) crie son angoisse, son besoin. Ses cris sont terribles à entendre. Mais qui crie ? Samuel nous fait voir, à travers cette femme, toute une humanité en souffrance... puis il change ses cris et on a l'impression d'entendre l'enfant qui va naître. Samuel, passant de la voix de la mère à la voix de l'enfant, commence à accoucher ; avec son corps il pousse, expire, s'épuise, se repose, pousse à nouveau, etc. (Dans les jeux, les accouchements passent par tous les phénomènes qu'on peut voir dans les techniques de **rebirthing,** avec la différence que l'expression n'est pas induite, elle éclate spontanément avec une grande authenticité). Puis Samuel accouche d'un autre masque de sa propre fabrication que j'appelle le « bébé Senex » ; c'est-à-dire, un enfant ayant le visage d'un vieillard. Longuement, il (elle) regarde l'enfant, en silence, silence qui est violent parce qu'il suit tant de cris qui ont exprimé l'agonie d'accoucher l'existence. C'est ce silence qui sera déchiré par un dernier et terrible cri de désespoir. Il (elle) renverse la robe verte pour devenir noir et il s'enfuit dans le coin de « **régression** » d'où il (elle) est gagné(e) par la folie, regardant l'enfant *senex,* abandonné, au centre de la scène. Puis dans un dernier cri, il (elle) meurt.

Un antagoniste (Christopher) arrive pendant l'agonie, portant un masque de *« Séducteur »* qu'il a fabriqué. Son action était de traverser, au *lointain,* vers l'amont du temps (c'est-à-dire d'Ouest en Est, ou de droite à gauche) vers le corps gisant de la mère *Mort(e)*, mourante. Dans le public, on a vécu ce deuxième personnage comme un Ange Exterminateur. Le moment de mourir coïncide avec l'approche de ce personnage, renforçant notre projection. L'Ange a couvert, tendrement et gravement, le corps mort de la mère Mort(e) avec un drap violet. Puis, lentement, l'Ange a pivoté sur lui-même, s'orientant dans la direction de l'enfant, l'a capté dans son regard et a commencé à approcher, très, très lentement. L'acteur (Christopher) était pleinement conscient de l'angoisse grandissante. Sa lenteur prolonge son intention, permettant à l'angoisse de monter jusqu'à l'insoutenable. Déjà, la mort de la mère nous avait bouleversés, et personne ne veut que l'Ange arrive près de l'enfant. Cette tension était d'autant plus aiguë que tout le monde savait que c'était le dernier jeu. La perspective de terminer dans le désespoir, de partir sur la mort d'un enfant, était inacceptable. L'Ange était déjà près de l'enfant (le masque vide). Lentement, il s'assied, face à nous, plaçant l'enfant entre lui et nous. Très lentement il (l'acteur) nous prépare à son intention de prendre le masque (l'enfant) dans ses bras. Son attitude était d'une tendresse infinie. C'était la promesse d'être bercé « dans une bonne mort ». Au moment même où l'Ange tend ses mains pour accueillir l'*enfant senex,* un troisième, Günther, se projette sur la scène. Il apporte son corps au masque inhabité du bébé *senex.* Il le met sur son visage et il le fait vivre. A ce moment, même l'Ange subit une transformation. Tout ce qui était menaçant en lui devient sécurisant et on le perçoit maintenant comme l'Ange Protecteur. Le corps de l'enfant (animé par Günther) remue ; ses mains et ses cris expriment l'impatience ; il cherche à têter. L'Ange le prend dans ses bras, ouvre sa poitrine, et l'enfant tête, puis satisfait, il se détend en ouvrant son corps, remue ses doigts avec ces doux mouvements sans direction apparente, ce que font les petits nouveau-nés.

Finalement un quatrième acteur, (Rudolf), se présente dans le personnage de *Charon.* Dans sa barque, il remonte vers l'amont du temps, vers le corps de la mère morte... pour la prendre dans sa barque et la conduire vers l'aval du temps (d'Est en Ouest... ou de gauche vers la droite) en dehors de la scène. Alors seulement l'Ange accompagne l'enfant qui a grandi et qui vient vers nous à quatre pattes, très lentement. Il n'était plus seulement un enfant *senex.* Quelque chose du *Puer* s'ajoute en lui... mais il nous donne l'impression qu'il en sait trop pour un enfant ; qu'il sait, parfaitement, toute l'histoire tragique de sa conception, de sa gestation et de sa naissance dans la douleur, et que malgré ce savoir tragique, il a choisi de vivre et d'être fidèle à son destin. *Enfant* et *Ange* sont sortis dans la direction symbolique de *demain. Fin*

Avec les quatre acteurs, quatre hommes, nous avons été plongés dans une entorse au temps. Le *Désespoir* d'être *Mourante* porte en lui la promesse d'un accouchement. Cette *Mort* a donné naissance à une vie *vieille,* déjà installée dans la conscience de la souffrance, comme ces enfants martyrs des guerres, des famines, ou de parents indignes. Dans ce jeu, les morts-vivants accouchent de vies mort-nées. Cette agonie entre le vivant et le mourant sur scène a choqué le public. Le public désirait que l'enfant fut viable, ce qui explique l'angoisse montante suscitée par l'Ange. Exterminateur ? Protecteur ? Le public a vécu trois grands moments de soulagement : quand le masque inerte et sans vie de l'enfant a reçu un corps qui l'a animé ; quand l'Ange s'est transformé d'exterminateur en protecteur, et quand l'enfant *senex* s'est changé en enfant *puer.*

Pour Samuel ce n'était pas le moment favorable pour prendre conscience de ce que son jeu (sa propre mise au monde) pouvait plonger les autres membres du groupe dans la dépression et ce, au moment du départ. Le groupe, en tant que public, a agonisé, et l'implication était telle que, au dernier moment du jeu, quand on était figé dans la fascination terrible de l'insoutenable, l'un de nous a échappé à son fusionnement avec la fascination et a trouvé comment changer l'inacceptable.

Chaque acteur, étant impliqué, a joué sur un plan personnel. La catharsis était vécue des deux côtés du proscènium, sur scène et dans le public. Mais il faudra encore trois années pour que dans le paroli de rétrospection, ils puissent énoncer certains contenus de ce jeu.

In extremis, notre angoisse se transforme en soulagement... mais pas au point que la catharsis soit désamorcée. On peut prendre congé des autres ; on peut partir, se quitter, assumer ce moment de rupture que tout groupe vit comme une petite mort. On peut retourner vers nos vies personnelles réelles, sachant qu'on a « mangé les dieux » et que cette nourriture est nourriture essentielle. On a mangé symboliquement, « imaginalement » de la vie et de la mort, et on est reparti différent de ce que l'on était à l'arrivée. On a subi une transformation.

Au plan de l'« interprétation », les jeux mettent en évidence une organisation du matériel en deux discours distincts. Le premier, le choix conscient du thème « Vie et Mort... *Leben und Tod* » ; choix qui met en évidence le désir d'explorer les structures mythiques ontologiques, notre entrée, notre sortie de l'existence, de l'*étant.* Tous les masques amenés étaient fabriqués en vue de ce thème. C'est important de maintenir le repérage de ce projet en suivant le virage du thème choisi vers le deuxième thème qui émergera, celui du *Pouvoir.* Des corrélations entre les deux thèmes deviennent évidentes. Par exemple, dans le premier jeu, deux *êtres* pas encore sujets (pas encore nés) le composite Narcisse-Don Juan et le danseur sacré dit « pas encore né » partagent l'espace scénique (dans ce cas un espace transitionnel) (Winnicott) entre *Moi..* et.. *non-Moi,* espace contenant l'Autre et Soi, avec un sujet, un *être* en *étant* (le Bouddha). La juxtaposition de ces personnages pose déjà le problème de la castration, problème d'être en manque ou en plénitude, et les pouvoirs qui en découlent. C'était le personnage vieux, malade, mourant qui avait, malgré tous ses manques, le pouvoir d'établir un rapport avec la plénitude.

Le deuxième discours est celui de l'« autre scène », celui émergeant de l'inconscient individuel et de l'inconscient collectif. Ils n'ont pas compté sur le virage du thème. Il reste la nécessité d'interroger les significations possibles de ce virage imprévisible, d'envisager que des manques asymbolisables, que des préoccupations inavouées attendent pour trouver issue dans l'expression des acteurs. Une part importante de ce qui émerge dans les jeux improvisés touche à un symbolisme venant de l'inconscient et devient repérable, si on veut en prendre la peine. Le jeu, dans sa dimension existentielle, a une intention. Il actualise et poursuit une pulsion plus ou moins vaguement, consciente. Quelqu'un qui a l'habitude de suivre cette forme d'activité avec une écoute analytique va accepter que ces jeux soient souvent porteurs de manière latente d'autre chose que ce qu'il semblent manifester. A partir de là, il faut rechercher s'il y a symbolisation, et comment les signes du processus de symbolisation s'organisent dans le discours des jeux et des parolis, puis se demander si et comment ces mêmes signes (symptômes) sont maintenus, sont entretenus dans la structure psychique de l'individu.

Dans tous les cas on peut remarquer quelques analogies entre les composantes des jeux et des événements marquants de l'histoire biographique familiale : c'est ainsi que Samuel, dans le dernier jeu, fait référence à sa propre naissance dans un monde de mutilation, de castration ; que Regina fait référence à sa lutte personnelle pour réparer et acquérir la structure organisée de son appartenance ethnique (l'étoile de David), et pour se donner une harmonie vivable.

Pour que les spectateurs soient impliqués, les éléments biographiques qui montent à la surface d'un jeu, et qui émergent de la représentation manifeste, doivent dépasser l'anecdotique (vers le symbolique). L'anecdotique, en effet, ne permet pas de sonder la reconstruction du vécu subjectif. L'anecdotique est toujours fermé sur les événements accidentels historiquement banals (ils tombent amoureux, ils se marient, ils ont beaucoup d'enfants, ils vivent heureux, etc.). C'est seulement quand le jeu bascule dans le symbolique que le sens va s'ouvrir (premièrement pour l'acteur, enfin pour le public), vers des gestes et des images représentant *comment* le sujet (l'acteur) peut constituer tous les rapports possibles (ou impossibles) à l'Autre.

Dans l'histoire d'un groupe, les jeux seront la mise en place d'une structure de médiation. Les jeux vont progresser, l'un après l'autre, suivant une logique interne et particulière à chaque groupe, logique nécessaire qui se superpose et se complexifie, visant toujours la restitution anthropogénèsique de nos structures d'échange. Est prévu, dans le plan de notre lieu théâtral, la mise en représentation des dualismes diamétraux « *moi,* je joue avec l'*autre* acteur » et le triadisme « je joue *avec* l'autre acteur *pour* un Autre (le public). Ici et maintenant, notre mise en scène est l'indice d'une structure toujours actuelle pour nous... constituée par notre rapport au *Manque* et à l'*Autre*.

Techniques

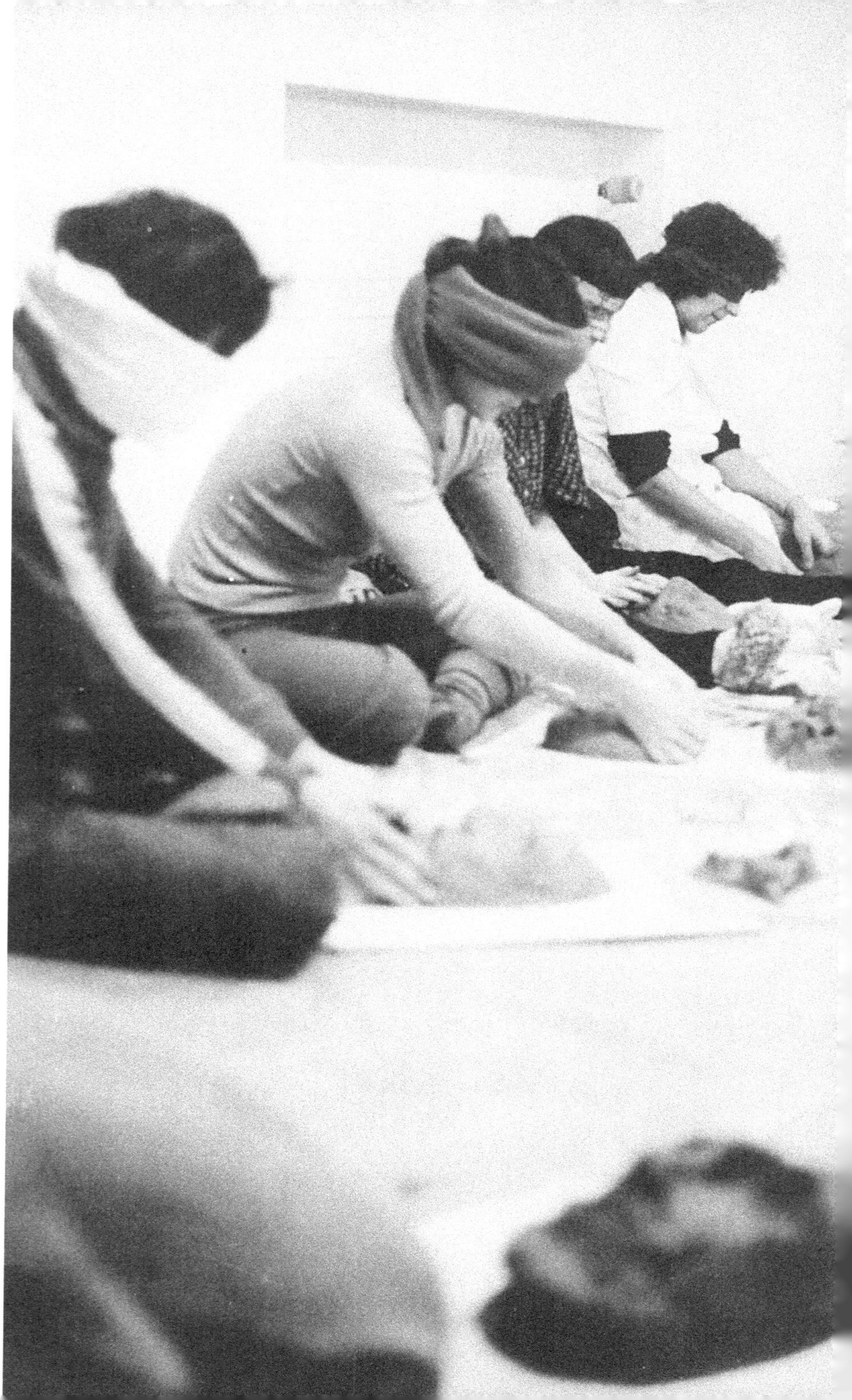

La fabrication des masques est une initiation à la loi du matériel et de l'outillage. Il faut apprendre à nouer, agrafer, clouer, visser, sceller, coller, couper, modeler, plâtrer, coudre, appliquer peinture et vernis, calculer les quantités, scier, raboter, percer, limer, râper, entailler, poncer, assembler, tendre, recouvrir, mouler et démouler, ainsi que maintes autres manipulations.

Certaines règles doivent s'appliquer dans la fabrication de tout masque. Il doit être confortable à porter et doit rester solidement sur la tête du porteur. Des ouvertures suffisantes pour une respiration aisée doivent être prévues. Une bonne vision doit exister. Le projet est de jouer avec et sans ces masques. Si la vision n'est pas bonne, toute communication avec les autres acteurs est compromise et tout déplacement du corps du porteur devient potentiel de danger.

Le critère important, c'est qu'ils doivent être suffisamment costauds pour qu'on puisse jouer avec eux. Un morceau de carton plié peut devenir le support de tout un réseau symbolique. En partant des axes de construction : yeux, nez, bouche, toutes les fantaisies peuvent prendre visage.

Ce texte se donne comme but de proposer la description des techniques les plus connues pour que vous puissiez commencer de créer vos masques. Il est complété par un glossaire des termes et des matériaux qui peuvent vous servir. Ce glossaire est limité aux techniques proposées.

Deux techniques de papier collé sont la base pour la création des masques : le papiétage et le papier mâché. Le papiétage consiste à appliquer sur un support (ballon, moule en plâtre, forme sculptée en argile ou plastiline, etc.) des couches successives de papier déchiré détrempé dans la colle de tapisserie. Les bandes de papier donneront l'architecture du masque. Cette technique est la plus pratique car elle permet de faire rapidement de gros volumes. La technique du papier mâché exige une longue préparation si vous préparez la pâte vous-même. On peut acheter le papier mâché en poudre sous le nom de Papydur. Le papier mâché se prête à un travail plus délicat que celui du papiétage. Cette pâte est un mélange de colle délayée dans l'eau et de papier défibré. On peut la modeler, la presser, la pincer et la lisser. Dans les deux techniques, les meilleurs papiers sont les papiers de journaux. Le papier kraft et les papiers couchés se prêtent mal parce que leurs fibres sont très difficiles à séparer.

Le papiétage

Fournitures : journaux, colle de tapisserie, eau, récipient pour préparer la colle.

Pour la technique du papiétage, déchirez le papier en bandes larges de 2 cm environ ou en triangles. Déchirez le papier. Ne le couper pas parce que le papier déchiré prend mieux la colle que le papier coupé, ses bandes sont plus effilochées et souples. Les bandes de papier seront plongées dans la colle, que vous avez préparée juste avant. Assurez-vous qu'elles sont complètement détrempées. Retirez les bandes une à une de la colle, essorez-les entre deux doigts. La bande est prête à être appliquée sur une armature ou un moule.

Le pâté de papier mâché

Fournitures : journaux, colle de tapisserie, récipient en plastique pour la colle liquide, eau, vieille marmite (celle que vous ne craignez pas de noircir à l'encre d'imprimerie), passoire, sacs en plastique.

Une bonne pâte de papier mâché doit être cuite, et très longtemps. Commencez en déchirant le papier en petits morceaux, mettez-le dans la marmite avec la quantité d'eau nécessaire qui permette de le remuer facilement. Laissez cuire sept heures en remuant de temps en temps. Quand le papier commence à se désagréger, faites cuire une heure de plus, puis enlevez l'excès d'eau en le pressant contre le fond d'une passoire. Incorporez la colle liquide dans la masse de papier cuit, en pétrissant constamment et longtemps. La masse doit devenir gluante et sans grumeaux. Pour éviter que cette pâte produise des champignons, ajoutez quelques gouttes d'essence de girofle. Gardez-la au réfrigérateur dans un sac en plastique bien fermé.

Une variante très dure peut être fabriquée avec papier, colle, sciure et plâtre de Paris.

Après séchage la pâte devient dure, légère et solide. On peut la modeler comme la terre ou l'utiliser à l'intérieur des moules. Cette pâte peut être combinée avec d'autres techniques, en l'ajoutant à un masque fait de papiétage (par exemple) pour la création de nouveaux volumes que l'on modèle comme de l'argile, l'appliquant à la surface de l'objet à transformer.

Quand le masque est sec, vous pouvez lui laisser son aspect fripé, ou le polir au papier de verre, ou le limer. Le papier mâché se rétracte en séchant, donc donnez plus de volume au masque quand il est humide, car ce retrait peut altérer votre projet. Dans ce cas humectez la surface et remodelez par de nouvelles applications de pâte. Quand le masque est sec, protégez-le avec une couche de laque ou de vernis acrylique qui le rendra imperméable et plus résistant.

Technique du ballon et du papiétage

Un ballon gonflé donnera le support sur lequel on construira le masque. Une légère couche d'huile doit être appliquée sur la surface du ballon. Appliquez quelques couches de papier de soie pour préparer la surface pour les couches suivantes. Avec de la colle de tapisserie, colle de farine ou de poisson, appliquez les couches successives de papier de journal, avec un occasionnel changement de couleur pour contrôler l'épaisseur, jusqu'à 3 mm. La couche finale peut-être un tissu ou une étoffe ou une feutrine pour donner le « finish », la force, la texture, etc. Quand le papiétage est sec, ouvrez le ballon (ayant laissé l'ouverture à l'extérieur) et retirez-le, puis coupez la coque dure en deux morceaux. Si vous coupez, coupez verticalement, vous aurez deux parties symétriques qui peuvent devenir deux masques. Maintenant, coupez les ouvertures pour les yeux, le nez, la bouche. Laisser sécher, puis peignez.

Papiétage sur modèle sculpté en argile ou en plastiline

Sur une planche rigide pour supporter le travail, formez l'argile dans une masse ovale, en mesurant la largeur, la longueur, et la profondeur du visage, pour que le masque puisse bien être porté. Marquez l'emplacement des yeux du masque en se référant aux yeux d'un vrai visage. Gardant ces repères, développez le caractère du masque voulu. Recouvrez entièrement l'argile avec une couche de papier de soie imbibé d'eau. Quand l'argile a disparu sous le papier de soie, employez du papier de journal et appliquez des couches successives, maintenues avec de la colle de tapisserie. Cinq ou six couches seront suffisantes. Aidez le papier à épouser tous les détails en relief, surtout les concavités, en poussant avec les doigts et une petite brosse plate. Laissez ce papiétage sécher au soleil ou sous une ampoule électrique. On peut démouler le masque avant qu'il ne soit tout à fait sec. Laissez sécher complètement avant de couper les ouvertures pour les yeux, nez et bouche. Coupez les bavures du pourtour et renforcez avec le ruban de kraft gommé. D'autres volumes peuvent être ajoutés avec de la pâte de papier mâché. Laisser sécher, percez les trous pour les élastiques, poncez et peignez comme désiré.

Utilisant cette même procédure, vous pouvez employer de la

tarlatane, des vieux draps déchirés ou autres tissus pour remplacer les bandes de papier de journal.

Technique de la bande plâtrée

Pour ce travail, c'est mieux d'être deux. Après quelques expériences il est possible de le faire tout seul devant un miroir. Le modèle s'enduit le visage avec de la « graisse à traire », de l'huile ou de la vaseline, mettant une bonne épaisseur sur les cils et les sourcils. Il couvre ses cheveux avec une serviette bien serrée. Il couvre ses épaules avec une autre serviette. Il s'allonge ou s'assied la tête penchée en arrière et posée contre un appui. Les bandes de plâtre seront coupées à l'avance en triangles de différentes tailles, environ 3 cm par 6 cm sur 6 cm. La coupe triangulaire est la plus facile à adapter à tous les problèmes de forme. Trempez un petit triangle dans l'eau tiède (tiède pour être plus agréable à la personne sur qui on le pose). Retirez immédiatement de l'eau et posez ce triangle une seconde sur un torchon absorbant, pour l'égoutter, puis posez-le sur le nez, laissant la pointe du triangle suivre la pointe du nez entre les deux narines. Ne bouchez pas les trous du nez, mais travaillez autour, modelant triangle après triangle qui se placent un reposant sur le bord de l'autre. Une fois placé, ne les retouchez pas. Lissez avec soin, avec les doigts, à chaque nouvelle couche. Continuez ainsi de couvrir tout le visage. Sur les yeux vous devez poser une seule couche de kleenex avant de mettre le triangle de bande plâtrée. Une bande de 2 mètres par 3 cm est suffisante pour le visage adulte. Le modèle doit garder son visage impassible jusqu'à la prise du plâtre, puis en bougeant les muscles du visage, avec précaution, il le détache sans douleur. N'oubliez jamais de mettre de la graisse avant la bande plâtrée !

Laissez sécher ce masque 24 heures. A partir de ce stade, il y a plusieurs procédures.

A) Nettoyez toute trace de graisse avec du white spirit et coupez aux ciseaux le pourtour du masque et les trous pour les yeux, le nez et la bouche. Vernissez l'extérieur et l'intérieur en six couches successives (vernis pour bateaux). Laissez sécher chaque couche de vernis puis appliquez la couche suivante. Le peindre comme désiré.

B) Couvrez l'extérieur avec une mince couche de papier mâché ou de pâte de bois. Bien marier la pâte au plâtre. Laissez sécher. Puis coupez les trous de nez, bouche, les yeux et les pourtours avec un bistouri. Maintenant, étalez une mince couche de papier mâché ou de pâte à bois à l'intérieur. Scellez les bandes plâtrées entre les deux couches de pâte, insistant sur les pourtours. Vous pouvez, à partir de maintenant, modeler et changer l'expression de l'extérieur en appliquant le papier mâché comme vous voulez pour construire autrement les yeux, les narines, la bouche, les rides, etc. La pâte se pose en couches fines, même après séchage, jusqu'à résultat désiré. Puis commence le processus de râper, de limer, et de poncer pour affiner les formes.

Modelage en argile puis moulage en plâtre suivi d'un tirage en papiétage

Fournitures : de l'argile (3 kilos) ou de la plastiline, une planche rigide lamifiée, outils de modelage, une spatule, des feuilles de plastique, des sacs en plastique, du plâtre, de la graisse à traire, des bacs en plastique, journaux, colle de tapisserie, des brosses plates, eau, ciseaux et un bistouri.

Cette technique s'exécute en quatre opérations :

A) **La sculpture.** Placez au milieu de la planche rigide une grande motte d'argile et formez l'ovale d'un visage. Modelez le visage en relief, à votre gré, en prévoyant les orifices des yeux pour bien voir et les orifices des narines pour bien respirer. Pour faciliter le démoulage éventuel, évitez les creux ou cavités dont la base intérieure serait plus large que l'ouverture. Évitez les bosses ou excroissances avec resserrement. Évitez les creux ou les excroissances qui seraient orientés dans des obliques différentes. Ne pas craindre d'exagérer les formes. Quand la sculpture est terminée, enduisez d'huile, afin d'éviter que le plâtre du moule n'adhère à l'argile au moment du démoulage.

B) **Le Moulage.** La préparation du plâtre doit être fait soigneusement pour éviter des accidents. Dans un récipient en plastique contenant de l'eau, laissez tomber le plâtre à travers les doigts, jusqu'à ce qu'il ait rempli l'eau complètement. Remuez lentement sans incorporation de l'air. Attendez en restant attentif que le plâtre commence de prendre. Il est prêt quand il a la consistance d'une pâte molle (ni trop épaisse, ni trop liquide). Maintenant, il faut travailler rapidement avant que le plâtre ne prenne. Versez ce plâtre sur le relief en argile que vous avez sculpté. Commencez avec le plâtre semi-liquide, le poussant dans les trous, puis recouvrez toute la surface en lissant l'extérieur. La couche de plâtre doit avoir une bonne épaisseur sur toute la surface, environ 3 centimètres, afin qu'elle ne se brise pas au moment du démoulage. Utilisez une spatule pour lisser la surface extérieure du moule. Laissez sécher environ une heure. Utilisant un couteau, détachez le moule empli d'argile de la planche rigide. Enlevez l'argile et nettoyez l'intérieur du moule à l'eau avec un pinceau plat. Quand il est parfaitement propre il sera prêt à recevoir le papiétage. Apprenez à utiliser seulement le plâtre nécessaire. C'est mieux d'avoir fait moins que trop. Une deuxième préparation de plâtre adhérera à la première si elle est ajoutée tout de suite pendant que cette première est encore humide. Quand vous faites les nettoyages du plâtre, c'est très important de ne pas jeter le surplus de plâtre dans les éviers ou les toilettes. Laissez le plâtre se séparer des eaux de nettoyage. Versez seulement l'eau claire dans les conduites et mettez le plâtre avec les ordures, pour ne pas boucher les conduites d'évacuation de votre cuisine ou de votre salle de bains.

C) **Le Papiétage** : Déchirez les papiers de journaux. Préparez la colle de tapisserie. Enduisez bien l'intérieur du moule avec de la graisse à traire ou de la vaseline. Recouvrez l'intérieur du moule avec ces bandes de papier, la première couche recevra du papier trempé dans l'eau non encollée. A partir de la deuxième couche, passez le papier dans la colle. Laissez dépasser du moule un petit tout du papier qui facilitera le démoulage du masque plus tard. Six couches suffiront. Chaque bande de papier doit être orientée différemment. Laissez sécher au soleil ou sous un radiateur. Quand c'est bien sec, démoulez l'ensemble en tirant sur les bouts de papier qui débordent du moule à cette intention. Un des grands intérêts du moule, c'est qu'il permet de reproduire le même sujet plusieurs fois, le moule permettant de tirer des pièces identiques. Maintenant, taillez les yeux, la bouche, le nez et les contours.

La toile de vigne, la toile à fromage, ou la tarlatane peuvent être utilisées à la place des bandes de papier.

D) **La Peinture** : Peignez dedans et dehors avec une peinture vinylique blanche qui séchera rapidement. Après séchage, peignez le masque selon votre désir. Fixez les attaches élastiques à peu près à la hauteur des yeux. Ajoutez en agrafant ou collant des barbes, cheveux ou crinières.

Technique de pliage

Beaucoup de livres sur les techniques de sculpture en papier existent sur le marché ; notamment sur les techniques japonaises d'origani. Le papier, le carton et ses dérivés, tous les matériaux en feuilles, est une matière qui deviendra de plus en plus précieuse. Pour le moment il continue d'être à la portée de tous sous les formes variées et abondantes. C'est une matière qui peut être collée, cousue, agrafée et pliée. Elle peut être couverte avec des feuilles de métal, elle peut être texturée avec des fils ou cordes qui sont collés, cousus ou tissés, elle peut être renforcée avec de la mousseline ou modelée avec de l'ouate tenue en place entre de la mousseline et le papier avec de la colle.

La technique connue sous le nom anglais de « scoring » est la technique à la base de la sculpture en papier. Elle consiste à faire une incision sur un côté du papier à plier, suivant un tracé au crayon. Cette incision ne doit pas couper le papier mais seulement le marquer. Puis plaçant le doigt **sous** le scoring, on plie le papier dans l'autre direction que l'incision. Un couteau est supérieur au rasoir pour cette manœuvre, parce que le rasoir est trop souple et trop tranchant. Le « scoring » doit être répété comme un exercice jusqu'à ce que la pression et les directions puissent être contrôlées.

Commencez avec des rectangles avant d'explorer les curvilignes.

Attention : les papiers s'allongent quand on les mouille. Au séchage, il se produit un retrait, en sens inverse.

Matériaux

Acryliques, pigments synthétiques qui offrent plusieurs avantages. Ils se mélangent avec de l'eau. Ils sèchent rapidement et ils sont imperméables. Les pinceaux peuvent être nettoyés à l'eau (mais ne laissez jamais les couleurs sécher sur les pinceaux). Les acryliques peuvent être utilisés sur presque tous les supports. Ils peuvent avoir une surface mate ou glacée si ils sont vernis avec le **Polymer Media.** Ils sont plus chers que la gouache. Pour les conserver, ils doivent être rangés dans un endroit frais.

Acétone, liquide incolore, inflammable et utilisé comme solvant.

Adhésifs, rubans, papiers et tissus enduits d'un produit qui les rend adhésifs ou auto-collants.

Agrafeuse, cet outil est indispensable. Il est plus facile de joindre en agrafant que de coller ou de coudre de nombreux matériaux (papier, carton, plastique, tissu, élastique, etc.).

Aiguilles, droites et courbes pour exécuter les coutures d'élastiques ou pour joindre les sections des formes recouvertes avec du tissu.

Alabastine, nom industriel pour un type d'enduit pour plâtre et bois.

Argile, peut-être rouge, blanche, jaune ou ocre. C'est la terre pour sculpter les masques ou pour faire les prototypes pour les moulages. Chez les marchands spécialisés, cette matière première se vend soit toute préparée, soit en poudre à laquelle on ajoute de l'eau. L'argile humide doit être conservée à l'abri de la chaleur et des courants d'air, enveloppée dans les sacs en plastique. Les masques en argile peuvent être cuits par un potier professionnel.

Armatures, fils de fer ou morceaux de bois ou plastique rigides qui seront posés dans le plâtre liquide ou le papier mâché mou pour renforcer le masque.

Bandes collantes, toutes peuvent servir à sceller, renforcer, isoler. Il y a un grand choix de marques et de variétés de qualités.

Bandes en plâtre, à chercher dans une pharmacie ou dans les centres vendant les matériaux de construction. Le plâtre est incorporé dans la bande. Il n'y a qu'à la passer rapidement dans l'eau et la poser sur une surface graissée de la forme qu'on désire mouler, en superposant les bandes l'une sur l'autre pour arriver à l'épaisseur désirée.

Bassins en plastique, de toutes dimensions, faciles à nettoyer, présentant une surface à laquelle le plâtre n'adhère pas.

Bistouri, instrument chirurgical, très efficace pour le découpage des petits trous (nez, yeux, etc.) à manipuler avec précaution parce que très coupant.

Bois tendres, par exemple le balsa, facilement taillé et ayant une bonne résistance pour un poids léger. Les gros blocs peuvent être taillés avec un ciseau de bois.

Boîtes d'œufs, papier mâché comprimé qui peut être récupéré et transformé en pâte par cuisson et déchirement (voir technique de papier mâché).

Brosses plates, pour appliquer les colles et les enduits.

Brosses rondes, de différentes tailles pour l'application des couleurs.

Cartons légers, peuvent être pliés et coupés, collés ou agrafés. Les cartons sont rapidement transformables en masques.

Chanvre, plante textile de fibre ou filasse, en corde ou tissé. C'est un excellent matériau pour renforcer le plâtre et peut être utilisé pour la construction des formes en plâtre.

Ciseaux, c'est important d'avoir une paire de ciseaux pour chaque matière, et de ne pas les mélanger. Les ciseaux pour la soie seront irrémédiablement abîmés s'ils sont utilisés pour couper les bandes plâtrées, par exemple.

Ciseaux à bois, outil d'acier, en biseau à une de ses extrémités et servant à tailler le bois.

Cire, on fond à chaud un pain de cire et on le mélange avec de l'essence de térébenthine (inflammable !). On badigeonne le masque au pinceau et on laisse évaporer l'essence, puis, on le polit au chiffon.

Colle à bois vinylique, pour les finitions et pour couvrir un masque en plâtre, pour isoler et fixer le plâtre pour qu'il ne s'effrite pas dans les yeux quand on le porte. Une couche de colle vinylique fixe les couleurs, les rendant imperméables à la transpiration. Elle donne aussi un glacé moins violent que le verni.

Colle pour polystyrène expansé, une colle qui ne fait pas fondre le polystyrène (exemple d'Uhu Por).

Colle cellulosique, vendue en tube, liquide épais et incolore à forte odeur d'acétone. Elle sèche rapidement pendant qu'on maintient les pièces à assembler avec les doigts.

Colle tapisserie, indispensable pour les surfaces construites avec les bandes de papier collé ou dans la fabrication de papier mâché. Sa qualité la plus importante est de laisser glisser les doigts au lieu de coller aux doigts pendant sa pose. Cette colle doit avoir la consistance d'une crème et pas d'une mayonnaise.

Compas, instrument composé de deux branches jointes par une charnière et que l'on écarte pour mesurer des angles, tracer des circonférences, etc. Cet outil est utile pour les masques en papier et carton.

Corde, à coller sur les surfaces pour former les rides, les décorations, etc.

Couteau à lames interchangeables, couteau possédant des lames de plusieurs formes qui s'adaptent à volonté suivant le travail envisagé (lame droite, convexe, serpette, crochet, etc.).

Couteau de peintre, lame d'acier souple de 5 à 6 cm de large qui permet de râcler, de mastiquer, de gâcher une petite quantité de plâtre, d'égaliser un rebouchage, etc. Optez de préférence pour un outil traité contre la rouille.

Cuir, peau des animaux, tannée et préparée, peut être coupée, collée, lacée et cousue.

Draps de lit, déchirés en bandes, ils peuvent être utilisés avec de la colle pour remplacer les bandes de papier ou trempés dans le plâtre, ils permettent de modeler rapidement.

Dorure, à acheter en liquide, en poudre ou en vaporisateur.

Élastiques, ils sont cousus ou agrafés au masque pour permettre à l'acteur de le porter sur sa tête. Ils varient en largeur selon le poids du masque.

Encres de Chine, pures ou diluées : pour teinter faiblement une surface claire ou rehausser un ton déjà posé.

Emaux, à froid, pour donner une surface brillante.

Enduit vinylique, marque Fonval, produit par Valentine, pour lisser les surfaces. Appliquez au pinceau ou à la spatule, puis poncez. Répétez l'opération 10 à 40 fois selon la finesse désirée du grain de surface.

Essence de girofle, ajoutée à la pâte de papier mâché pour empêcher le développement de bactéries et champignons.

Essence de Térébenthine, pour diluer ou nettoyer les produits à base d'huile.

Feuilles d'aluminium ménager, peut servir d'isolant entre deux surfaces de matière qui ne doivent pas adhérer l'une à l'autre.

Feuilles d'acétate, transparentes ou en couleur, peuvent être coupées pour former les sections d'un masque, par exemple, devant les yeux.

Feutre et feutrine, cousu ou collé pour les surfaces visibles du masque.

Gaze, peut être utilisée avec le plâtre, colle blanche ou colle de tapisserie pour créer les supports selon la technique de papiétage.

Glacis, mince couche transparente comme une glace, qu'on étend sur des couleurs déjà sèches pour leur donner plus d'éclat.

Graisse à traire, produit gras et stérilisé (vente en pharmacie et droguerie) à enduire sur la peau pour empêcher l'adhérence de plâtre ou à appliquer à l'intérieur d'un moule pour empêcher l'adhérence de la colle.

Laquer, enduire de laque (véritable) ou vernir. La laque peut être achetée transparente ou avec les pigments. Elle a une surface dure et imperméable quand elle est sèche. On peut mettre plusieurs couches l'une sur l'autre, mais en laissant chacune sécher complètement avant d'ajouter la suivante. S'achète en liquide ou en vaporisateur.

Lissage, action de boucher les irrégularités d'une matière et de poncer jusqu'à l'obtention d'une surface lisse.

Mastic, mélange pâteux et adhésif durcissant à l'air.

Négatif, forme en creux d'un volume appelé aussi « matrice ». C'est le moulage en plâtre du positif (voir positif).

Outils pour modelage, en bois ou en plastique vendus par les marchands de matériel pour Beaux-Arts. Utilisés pour sculpter la terre.

Panneaux rigides lamifiés, surfaces résistantes servant à supporter les différents stades de fabrication.

Papiers de décorateur, papiers peints, catalogues d'échantillons démodés ou chutes, peuvent être obtenus gratuitement sur demande chez les marchands.

Papiers fins, aquarelle, soie, canson, etc.

Papiers de soie, plus flexibles que le papier de journal, pour couvrir une surface.

Papiers de journaux, d'abord comme matériaux de protection des meubles et murs et planchers pendant le travail, puis pour le papier mâché et bandes de papier collé. Le meilleur est le papier de journal quotidien, qui se désagrège facilement en absorbant l'eau.

Papier mâché industriel, se vend sous le nom de Papydur dans des sacs, en poudre sèche.

Papier mâché fait à la maison, en utilisant des boîtes d'œufs, de papier de journal et colle (voir techniques).

Papier de verre, pour poncer les surfaces.

Papiétage, disposition des couches successives de bandes de papier détrempé dans la colle. Après séchage il forme une coque rigide. Peut-être utilisé à l'intérieur des moules ou appliqué sur un volume convexe.

Pâte de bois, vendue en tube pour boucher ou enduire les surfaces.

Patine, couleur ou vernis dont on recouvre l'objet pour qu'il semble ancien.

Peinture à l'eau, couleurs à dispersion à utiliser sur n'importe quelle surface non grasse. Une fois sèche, elles ne se diluent pas. Elles se vendent en gros tubes ou en boîtes de plastique ou en poudre.

Pinceaux, utilisés pour gouaches et acryliques ; ils peuvent être nettoyés avec eau et savon. Ne jamais laisser la peinture sécher sur le pinceau. Les vernis et peintures à huile doivent être nettoyés avec de la térébenthine ou du white spirit. Les produits à base d'acétone se nettoient avec de l'acétone.

Pinces à linge, pour immobiliser des pièces afin de les coller ensemble.

Plastiline, argile synthétique qui ne sèche pas. A utiliser pour faire les prototypes de masque pour le moulage.

Plâtre, plâtre ordinaire de construction ou plâtre de Paris, plus fin et plus dur pour faire les moules. On fait tomber le plâtre en pluie, à la surface de l'eau, par poignées, qu'on éparpille à travers les doigts des deux mains, et sans agiter l'eau. Lorsque l'eau refuse d'absorber davantage et que le plâtre en excès demeure blanc à la surface, le dosage est terminé. On brasse le mélange à la main et on l'utilise dès qu'il commence à prendre.

Polystyrène expansé, matière synthétique, blanche, rigide et très légère. C'est un excellent matériel de base, facile à couper et ne coûte pas cher. Le collage de cette matière nécessite une colle spéciale (exemple l'Uhu Por).

Polymer Media, recommandé pour le vernissage définitif des œuvres exécutées avec des couleurs acryliques. Au moment de l'emploi, il se présente sous un aspect laiteux, mais devient transparent après séchage.

Positif, volume obtenu par modelage et servant de prototype qui peut être recouvert de plâtre. Cette coque de plâtre devient le négatif (voir négatif).

Râpes, outils en acier trempé possédant sur leurs faces de légères aspérités permettant de râper les masques en vue d'une opération de lissage et de finition.

Raphia, fibre végétale exotique, pour créer des crinières, des barbes.

Rotin, tige végétale souple.

Ruban de kraft gommé, rubans de papier brun fait avec une cellulose résineuse pour renforcer et sceller et consolider.

Sacs en papier, utiles pour la fabrication rapide de masques pour les enfants.

Sacs en plastique, pour couvrir une matière ou un travail qui doit rester humide.

Savon noir, pour enduire l'intérieur des coques en plâtre (ou négatifs) avant le papiétage et empêcher l'adhérence de la colle au plâtre.

Scie électrique pour couper le polystyrène, à fil chauffant qui font la masse selon le découpage désiré.

Scotch Brit, vendu en droguerie, à utiliser pour ponçage et nettoyage des coques négatives de plâtre avant le papiétage.

Spatule, lame de métal souple pour appliquer l'enduit ou la pâte de papier mâché sur les surfaces du masque.

Tarlatane, étoffe de coton très légère, très peu serrée, utilisée avec de la colle de tapisserie soit à l'intérieur d'un moule, soit sur une forme positive. La tarlatane est collée couche sur couche pour construire l'épaisseur désirée. Quand elle sèche elle sera rigide, légère et peut être vernie.

Teintures d'étoffe, les poudres peuvent être mélangées avec la pâte humide de papier mâché pour donner une couleur de base.

Teintures de bois, à base d'alcool et s'achètent au litre chez les marchands de couleurs. On les étend sur le masque avec un pinceau, en évitant de repasser deux fois au même endroit.

Térébenthine, pour le nettoyage des pinceaux utilisés pour les couleurs à huile.

Tissus, des vieux draps, cotons, soies, etc., pour être collés, cousus et modelés avec du plâtre.

Vaporisateur de peinture, vernis, laque, etc., souvent toxique et/ou inflammable, doit être utilisé loin du feu et avec une bonne ventilation.

Vaseline, substance grasse pour empêcher l'adhérence du plâtre ou de la colle.

Vernis, en liquide ou vaporisateur. Il donne une surface dure et glacée. Il sèche lentement et chaque couche doit sécher complètement avant l'application de la suivante.

White Spirit, essence minérale qui s'évapore rapidement pour diluer de nombreux produits et nettoyer le matériel à peindre (attention inflammable !).

Glossaire

Acmé, sommet, point le plus intense d'un phénomène ou d'un processus. Ex. l'acmé du plaisir.

Acte manqué, « un acte manqué est un discours réussi », selon le mot célèbre de Jacques Lacan. L'acte manqué consiste en une action banale de la vie quotidienne et qui donne l'impression soit d'être inexplicable soit d'exprimer le contraire de ce que l'on veut faire consciemment. Ce n'est que lorsque la référence au désir inconscient est explicitée que l'on découvre pourquoi l'acte était... manqué. Ex. je dois me rendre chez ma belle-mère... que je déteste, et... je me fais une entorse en descendant mon escalier.

Archétypes, d'après Jung, contenu de l'inconscient collectif, images ancestrales primitives, jouant le rôle de modèles de conduite et de productions imaginatives (personnelles, groupales ou collectives : contes et légendes, folklore, production artistique).

Analyse de contrôle, selon les écoles analytiques, désigne soit le cas suivi en commun par l'analyste débutant et un analyste chevronné — le « contrôleur » —, soit la poursuite avec un autre (ou le même) analyste de la propre analyse de ce praticien débutant.

Animateur, le moniteur, le formateur, le thérapeute, le psychothérapeute, le responsable d'un groupe de formation ou de thérapie.

Anima, en latin âme au féminin, mais aussi souffle, air, haleine. Employé par Jung pour désigner la part archétypique féminine de l'homme (mâle). Pierre Solié la nomme aussi « complémentaire sexuel psychologique » de l'homme. Elle se fonde aujourd'hui sur une notion de « sexe cérébral » ; si l'hémisphère gauche est « masculin » chez l'homme (droitier), l'hémisphère droit est « féminin ». Elle a un versant spirituel et un versant pulsionnel.

Animus, en latin âme au masculin, mais aussi pensée voire esprit, volonté, désir, sentiment. Employé par Jung pour désigner la part masculine archétypique de la femme. Pour Pierre Solié c'est aussi le « complémentaire sexuel psychologique » de la femme. Se fonde, comme l'Anima, sur le « sexe cérébral ». Il serait alors l'hémisphère droit de la femme.

Ça, dans la deuxième topique freudienne, une des trois instances — avec le Surmoi et le Moi — de l'appareil psychique. C'est l'instance la plus primitive, la plus élémentaire, la plus infantile de la psyché, dirigée par le principe de plaisir. Le ça entre en conflit avec le moi et le surmoi et est le grand réservoir de la libido et de l'énergie psychique.

Catharsis, « purgation ou purification des passions par l'art ou par des traitements psychologiques » (dictionnaire de l'Académie française, 1960).

Chiasme, entrecroisement : la lettre X en est en français la représentation visuelle.

Contre-transfert, attitude « négative » tout à la fois consciente et inconsciente de l'analyste, provoquée ou induite par la parole et le comportement de l'analysant. Cette réaction (d'impatience, d'énervement, de colère voire de haine) est à la fois une chance et une menace, tant pour la cure du patient que pour la poursuite de l'analyse de l'analyste.

Enantiodromie, désigne le moment où, dans une course comme la course du soleil, le mouvement se change en son symétrique. Ainsi au zénith, le soleil, après avoir crû, commence à décroître.

Erogothérapie, thérapie par des activités manuelles (par exemple mécanique-auto... ou poterie d'art).

Eros, du grec « amour ». Ensemble des pulsions liées au plaisir et à la vie, de manière générale (et non pas seulement en référence de la sexualité génitale).

Feed-back, circuit double (aller et retour) des messages.

Idéal du moi, figure que le moi se constitue peu à peu, au travers de ses identifications aux adultes proches, de ses fantasmes, de ses aspirations, et qui constitue le visage de ce qu'il aimerait être, tant à ses yeux qu'aux yeux des autres.

Identification, désigne le processus à la fois inconscient et conscient par lequel l'enfant se structure en ressemblant aux personnes de son entourage, très particulièrement des adultes qu'il admire.

Imaginal, terme forgé par H. Corbin pour désigner l'intermonde entre les réalités *sensibles* et les réalités *intelligibles* platoniciennes. Les expériences religieuse, esthétique et artistique relèvent de l'imaginal. Toute mythologie — fût-elle chrétienne ou autre — est la transcription de l'expérience imaginale de son — ou de ses — fondateurs. A ce titre, elle fonctionne ensuite comme une authentique réalité psycho-spirituelle objective collective.

Inconscient, ensemble des éléments de base de la psychologie individuelle ou collective (les représentations artistiques de la féminité, par exemple), qui échappe à la conscience.

Individuation, prise de conscience par un sujet de sa personnalité profonde, par rapport à l'entourage et aussi par comparaison à son individualité antérieure et à sa participation aux conflits individuels et collectifs à l'occasion des problèmes du groupe auquel il appartient.

Initiation, moment ou cérémonie (rite d'initiation) permettant à un sujet d'accéder à un autre statut social, ou à une nouvelle forme d'existence. Dans un sens général, début de formation, d'apprentissage, au cours duquel le sujet découvre un nouveau domaine de connaissances ou de savoir-faire.

Métaphore/Métonymie, figures de rhétorique désignant l'une le transport de la signification d'un mot à un autre (métaphore), l'autre la substitution (métonymie). Les psychanalystes, particulièrement les lacaniens, utilisent ces termes pour désigner certains processus très fréquents de l'inconscient (lequel est, selon Lacan, « structuré comme un langage »).

Moi, grosso modo, personnalité propre d'un sujet, saisie et affirmée par lui. Instance que Freud distingue du « Ça » et du « Surmoi ».

Moi idéal, modèle inconscient que le moi se construit en fonction de sa toute-puissance narcissique.

Mythopoémagogique, qui a trait à la création.

Narcissisme, en référence à Narcisse, qui regardait son visage dans le miroir de l'eau, le narcissisme est une notion-clé, entre autres, de la psychanalyse freudienne, et désigne l'amour que le sujet se porte à lui-même.

Nomination, reprise en paroles de ce qui a été joué, même au figuré.

Non-dit, le « non-dit » d'un discours, son manque, sa « béance », est aussi, sinon plus, signifiant par l'omission, que ce qui est dit et fait, surtout dans une psychothérapie ou un groupe. Ce non-dit est souvent exprimé par le langage du corps, ou refoulé (et s'exprime par le stress, la maladie, l'accident).

Orthogonie, désigne deux directions se croisant à angle droit.

Passage à l'acte, en anglais « acting out », terme forgé par Moreno (1932) pour indiquer le passage à l'action, quel que soit le sens de celle-ci, l'actualisation ou la réalisation des pulsions. La mise en acte en psychodrame est différente de l'acting out de Freud. On distingue l'extériorisation dans l'action psychodramatique (la mise en acte, au sens psychodramatique) et le « passage à l'acte » impulsif, souvent délictueux, agressif, transférentiel (au sens psychanalytique) : manquement à la règle, soit à la règle de la parole (en situation psychanalytique), soit à la règle de « faire une représentation » (en situation de psychothérapie de groupe, en psychodrame).

Perlaboration, travail qui s'accomplit dans le psychisme de l'analysant et qui lui permet d'admettre des représentations ou des sentiments jusque là refusés par la conscience.

Persona, désigne en Grèce le masque derrière lequel jouaient les acteurs.

Projet, but que l'on se propose d'atteindre. Le projet, comme le contrat, doit être clarifié.

Psychodrame, réalisation totale de la psyché (âme) par l'action (drama), selon une méthode de pédagogie et thérapie active mise au point par J.-L. Moreno.

Psychologie des profondeurs, désigne la psychologie nouvelle — celle non plus du conscient mais de l'inconscient (assimilé ainsi à un « lieu » plus « profond » que la conscience superficielle), dans la terminologie jungienne.

Psychothérapie, techniques diverses, utilisant des moyens essentiellement psychologiques, ayant pour but de restaurer la créativité, la liberté, le bien-être, la socialisation des sujets névrosés. Pour le psychothérapeute, une formation (personnelle et didactique) de psychothérapie individuelle et/ou de groupe est en principe nécessaire.

Pulsion, la pulsion est définie par Freud comme « être mixte... de sang mêlé », c'est-à-dire plongeant dans le biologique (somatique) et s'épanouissant dans le psychologique. En effet, une pulsion se définit par une source, un but, un sens vectoriel, un sens sémantique et un objet. Élan premier, besoin fondamental, de source physiologique (vers un but), exigeant un assouvissement (de nourriture, de sommeil, d'air, de contact, de mouvement...).

Rebirthing, processus thérapeutique visant à revivre les sentiments et émois de sa propre naissance.

Refoulement, mécanisme inhibiteur des pulsions fonctionnant avant même qu'elles ne deviennent conscientes, processus intérieur, inconscient, bloquant l'énergie et provoquant dans l'inconscient par l'accumulation de forces nerveuses inassouvies, une angoisse dont le sujet souffre et dont il ignore la cause.

Régression, retour à un comportement typique d'un stade plus ancien du développement. On parle ainsi fréquemment de « régression infantile ». Selon la manière dont elle se produit, et son contexte, la régression peut avoir un effet négatif ou au contraire thérapeutique (particulièrement dans le cas des psychoses).

Représentation, terme classique en philosophie et en psychologie pour désigner « ce que l'on se représente, ce qui forme le contenu concret d'un acte de pensée » et « en particulier la reproduction d'une perception antérieure » (Laplanche et Pontalis). Freud oppose la représentation à l'*affect*, chacun de ces deux éléments subissant, dans le processus psychique, un sort distinct.

Rétroaction, voir « Feed-back ».

Rolde, d'après l'espagnol : cercle de personnes assises en rond.

Schéma corporel, modèle non conscient que l'individu se forge de son propre corps et de sa situation dans l'espace.

Scotomisé/scotomisation, oubli (« coupure ») de quelque chose de douloureux ou de désagréable, qui se trouve ainsi comme exclu.

Signifiant/signifié, le signe et ce à quoi il se réfère.

Soi, Jung : « Le *soi* comprend en lui infiniment plus qu'un *moi* seulement, ainsi que la symbolique le démontre depuis les temps les plus anciens. Le *soi,* c'est l'autre ou les autres, et pas seulement le *moi.* L'individuation n'exclut pas le monde, mais l'inclut. » Il s'agit donc d'une entité plus vaste que le moi, incluant et actualisant tout le potentiel humain inconscient, la réalisation complète de l'être-homme.

Spéculaire, l'image spéculaire est ce double qu'un miroir renvoie à qui le regarde. C'est notre vécu psychologique, unique et personnel, avec une image qui frappe nos yeux et stimule notre imagination et qui peut déclancher en nous une projection.

Subconscient, Ce qui se trouve à la fois non vraiment conscient, et pourtant tout près de la conscience.

Sur-moi, dans la seconde étape de la théorie freudienne, désigne ce qui, dans le sujet, s'est constitué en référence aux autorités parentales ou sociales. Ainsi des « interdits » qui nous sont transmis et que nous faisons nôtres, inconsciemment le plus souvent.

Syzygie, en grec, signifie union, couple, assemblage, réunion ; en astronomie, position d'une planète en conjonction ou en opposition avec le soleil. La syzygie originaire (pour Pierre Solié) est donc la représentation innée (*phantasme originaire* de Freud) de la Création (Genèse) du monde et donc de soi-même à travers l'épiphanie (l'apparition, la manifestation) dans notre réalité psychique objective de la procréation du monde et donc de l'*Anthropos* (homme primordial archétypique). Elle est la *Memoria* (mémoire collective, génétique) de l'union de la *Physis* (matière) et du *Pneuma* (esprit), puis de la cellule « père » et de la cellule « mère », puis du mâle et de la femelle, puis du masculin et du féminin, pour retrouver au terme la ré-union de la Physis et du Pneuma. Les images-objets (acquis) en naîtront dans les A.D.N. néocorticaux de l'enfant, et ainsi s'opérera, peu à peu, la différenciation-conjonction de l'inné et de l'acquis. La syzygie originaire fusionnelle se différencie en elle-même (Grand-mère Animus, Mère-Père, puis féminin-masculin) et permet à l'enfant concurremment d'opérer sa propre différenciation, par rapport à la syzygie archétypique, par rapport à la mère et au père, par rapport à son féminin (Anima) et à son masculin (Double).

Thanatos, dans la dernière élaboration de la pensée freudienne, désigne le principe de mort, par opposition aux formes de vie (Eros).

Transfert, report sur l'analyste d'émotions, de sentiments, de représentations liées à l'une des figures de l'entourage infantile (père, mère, nourrice, frère et sœur, professeur, etc.). C'est le lieu-clé de la psychanalyse.

Bibliographie

BEDOUIN J.-L., *Les Masques,* « Que sais-je », P.U.F., Paris, 1967.
BOURGAUX J., *Possessions et simulacres,* Épi éditeurs, Paris, 1973.
BURAUD G., *Les Masques,* Éd. Club des Éditeurs, Paris, 1948.
CAILLOIS R., *Les jeux et les hommes,* Gallimard, Paris, 1958.
CAMPBELL J., *Le Héros aux Mille Visages.*Payot, 1976.
CAMPBELL J., *The Masks of God,* Viking Compass, N.Y.C., 1962.
DELABARRE P., *L'Alphabet Cosmique,* Éd. Hélios.
FROBENIUS L., *Masken und Geheimbünde Afrikas,* Éd. Halle, 1898.
GRIAULE M., *Masques Dogon,* Musée de l'Homme, Paris, 1938.
GRUNER S., *Jeu de Masques,* Éd. Dessain et Tobra, 1979.
HILLMAN J., *Le mythe de la Psychanalyse*, Imago, Payot, 1977.
HUMPHREY D., *The Art of Making Dances*, Grove Press, N.Y.C., 1959.
KERENYI C., *Man and Mask,* Eranos Yearbooks Routledge and Kegan Paul, 1960.
KOTT Jan, *Manger les Dieux,* Payot, 1976.
LOMMEL A., *Masks,* Éd. Elek, 1972.
MAERTENS J.T., *Le Masque et le Miroir, Ed. Aubier Montaigne,* 1978.
Masques, Éd. Olivier Perrin, 1965.
MAYERHOLD V., *Histoire et Technique du théâtre,* traduction Béatrice Picon Vallin, 1907.
RILEY O.L., *Masks and Magic,* New York, 1955.
SOLIÉ P., *Médecines initiatiques aux sources des psychothérapies,* Épi éditeurs, Paris, 1976.
SOLIÉ P., *Psychanalyse et Imaginal,* Imago, Payot, Paris, 1980.
SOLIÉ P., *Mythanalyse jungienne,* Éd. ESF, Paris, 1981.
STRAUSS C.L., *Le voie des masques,* Éd. Skira, 1975, Genève.
UBERSFELD Anne, *Lire le théâtre*, Ed. Sociales, Paris, 1978.
WALTER J.J., *La psychanalyse des Rites,* Denoël, 1977, Paris.
Catalogue de l'exposition du musée Guimet, Paris, 1960.
Catalogue de l'exposition du musée royal des Beaux-Arts, Anvers, 1965.
Le long Voyage des Masques publié par la Maison de la Culture de Rennes, 1982.
Les Masques et leurs Fonctions publié par la Maison de la Culture de Rennes.

Table des matières

Les illustrations en blanc et noir sont de Yannick Geffroy.

Collection « HOMMES ET GROUPES »

Claude STEINER
A quoi jouent les alcooliques. Une nouvelle approche de l'analyse transactionnelle.

Erich FROMM
L'art d'aimer.

Carl ROGERS
Autobiographie.

Fondation ROYAUMONT
Les Cadres en mouvement.

Miguel de La PUENTE
Carl Rogers, de la psychothérapie à l'enseignement.

Dominique BARRUCAND
La catharsis dans le théâtre, la psychanalyse et la psychothérapie de groupe.

André de PERRETTI
Contradictions de la culture et de la pédagogie.

Jean-Claude COSTE
Corps et graphie. L'expression psychomotrice de l'enfant dans le dessin et la peinture (épuisé).

Thomas HARRIS
D'accord avec soi et les autres. Guide pratique d'analyse transactionnelle.

Dr Rosie BRUSTON
De la méthode Vittoz à la psychologie des profondeurs.

Michel LEVERRIER
Demandes... et psychiatrie de secteur.

Rollo MAY
Le désir d'être.

Michel BON
Développement personnel et homosexualité.

Gérald-Bernard MAILHIOT
Dynamique et genèse des groupes.

Theodor REIK
Écouter avec la troisième oreille.
Marie-Françoise FROMONT
L'enfant mimeur. L'anthropologie de Marcel Jousse et la pédagogie.
Alan GARTNER, Mary CONWAY KOHLER et Frank REISSMAN
Des enfants enseignent aux enfants (en réimpression).
François MARCHAND
Évaluation des élèves et conseils de classe.
Gustave Nicolas FISCHER
La formation quelle utopie. Questions autour d'une expérience pédagogique avec des comités d'entreprise.
Helen DURKIN
Le groupe en profondeur.
Jacques DURAND-DASSIER
Groupes de rencontre marathon.
Dr Carl SIMONTON, Stéphanie MATTHEWS SIMONTON, James CREIGHTON
Guérir envers et contre tout. Le guide quotidien du malade et de ses proches pour surmonter le cancer.
S.H. FOULKES, Asya L. KADIS, Jack D. KRASNER et Charles WINICK
Guide du psychothérapeute de groupe.
Serge COUILLAUT
Humanisation du travail dans l'entreprise industrielle.
Xavier AUDOUARD
L'Idée psychanalytique dans une maison d'enfants.
René LOURAU
L'illusion pédagogique.
Jean COURNUT et Sophie-Danielle DEHAUT
L'ilot « asocial » et son école.
Dora KALFF
Le jeu de sable. Méthode de psychothérapie.
William SCHÜTZ
Joie. L'épanouissement des relations humaines.
André de PERETTI
Liberté et relations humaines, ou l'inspiration non directive.
Drs Bernard VINCENT, Jacques CATTA, Albert GERNIGON, Paul GUYON, Pierre MECHINAUT
Le médecin, le malade et la société.
Guy Le BOTERF et François VIALLET
Métiers et formateurs. Comment décrire leurs situations professionnelles.
Hendrick M. RUITENBEEK
Les nouveaux groupes de thérapie. Marathon, Gestal, Bio-Énergie, groupe de nus, groupe de drogués (en réimpression).
Anne ANCELIN-SCHÜTZENBERGER
L'observation dans les groupes de formation et de thérapie (réimpression à paraître début 1984).
Simone RAMAIN, Germain FAJARDO
Perception de soi par l'attitude et le mouvement.
Dr Rosie BRUSTON
Petit manuel de rééducation psychosensorielle en psychothérapie Vittoz.
Dr Alexander LOWEN
La peur de vivre.
Zerka T. MORENO
Psychodrame d'enfants.

Carl ROGERS, Rollo MAY, Abraham MASLOW, Gordon ALLPORT et Herman FEIFEL
Psychologie existentielle.
François MARCHAND et Patrick VINCELET (publié sous la direction de).
Le Psychologue et l'éducation.
Roberto ASSAGIOLI
Psychosynthèse. Principes et techniques.
S.H. FOULKES et E.J. ANTHONY
Psychothérapie de groupe. Approche psychanalytique (épuisé).
Jacques DURAND-DASSIER
Psychothérapie sans psychothérapeute. Communauté de drogués et de psychotiques.
William GLASER
La « reality therapy ».
Suzanne DEDET
Relaxation psychosensorielle dans le psychothérapie Vittoz.
André de PERETTI
Risques et chances de la vie collective.
Raymond HOSTIE
Session de sensibilisation aux relations humaines. Guide pratique.
Pierre WEILL
Le sphinx. Mystère et structure de l'homme.
André LAPIERRE et Bernard AUCOUTURIER
La symbolique du mouvement. Psychomotricité et éducation.
Jacques DURAND-DASSIER
Structure et psychologie de la relation.
Virginia SATIR
Thérapie du couple et de la famille.
Georges GUELFAND, Roland GUENOUN et Aldo NONIS
Les tribus éphémères. Une expérience de groupe.
Yannick GEOFROY, Patrick ACCOLLA, Anne ANCELIN-SCHÜTZENBERGER
Vidéo... formation et thérapie. D'autres images de son corps.
Jacques DROPSY
Vivre dans son corps.
Anne ANCELIN-SCHÜTZENBERGER
Vocabulaire de base de sciences humaines. Formation, psychothérapie, psychanalyse, psychiatrie, dynamique des groupes, psychodrame et nouvelles techniques de groupes.

Groupe Elidia

10, rue Mercœur - 75011 Paris
9, espace Méditerranée - 66000 Perpignan

www.elidia.fr

www.ingramcontent.com/pod-product-compliance
Lightning Source LLC
Chambersburg PA
CBHW071447230926
51846CB00001B/366
9782704501762